中庸に学ぶ

運命を拓く
立命の書

iyota satoru
伊與田覺

致知出版社

まえがき

万世の師表として今も仰ぎ続けられる孔子は、西紀前五五一年、中国山東省曲阜《きょくふ》市の郊外、昌平郷陬邑《すうゆう》に生まれました。複雑な家庭環境の中に育ちながら十五歳の時、聖賢の学道に志し、生涯一貫して講学に燃え、七十三歳円熟の域に達して、静かに世を去った人でした。

一方、世は混迷の一途を辿る春秋の末期に当たり、理想社会の実現を夢見て悪戦苦闘されながら空しく体逝されました。

ただその間、自身は人知れず苦悩して五十にして天命を悟り、天人交流の境地に在りながら、門弟には、応病与薬的に日常生活の心組みや規範を教示して止みませんでした。従って多士済済の門弟中、孔子の秘奥に感通し得たのはわずかに顔回一人ではなかったかと思われます。その顔回が七十歳の時、師に先立って忽焉《こつえん》として世を去ったのです。孔子は「噫天予《ああてんわれ》を喪《ほろ》ぼせり」と想像を絶する悲歎の極に陥ったのも宜《むべ》なるかなです。

しかし天は孔子を見棄てはしなかったのです。愈々《いよいよ》老境に達した七十二歳の時に、後生畏るべしという純良無垢な二十六歳の青年曾参《そうしん》を遣わされました。そうして孔子は将来に限りない希望を抱かれ、七十三歳を一期として永眠されたわけです。曾子は孔子の期待に添うて大成され、『孝経』や『大学』を著して、先師の遺教を敷衍《ふえん》されたと伝えられています。

孔子は長子の鯉《り》（字・伯魚）をすでに亡くし、その喪主をつとめられた愛孫伋《きゅう》はまだ幼少でありました。恐らく孔子は切々としてその薫陶を曾子に懇願されたものと思われます。

伋、字は子思、曾子の薫化によることは申すに及ばず、更に隔世遺伝ともいうべき優秀な素質のうえに、多感な幼少のころ、完熟の境に在った祖父の謦咳《けいがい》に接することができました。長じて愈々大成し、遂に『中庸』を著すに至るのです。

子思の時代になりますと、各種の学派、所謂《いわゆる》諸子百家が競い起こるようになりました。そこで子思は孔子の思想の真髄を理論的にも宣明すべきと痛感して纏《まと》められたのが『中庸』です。

元来、『中庸』は『大学』と共に五経の中の『禮記《らいき》』の一篇としてあったのを、宋の時代に抽出して一書としました。特に朱子が、『論語』、『孟子』に併せて四書として一層重視するに至ったのです。

ただしわが国では『禮記』と共に早く渡来し、大学と併せて識者の間には長く読み継がれておりました。

私は不肖ではありますが、不思議な道縁によって『論語』に次いで、『大学』と共に少年時代より暗誦いたしました。中年に及んで何度か人にも講じたこともありましたが、単に語句の解釈に止まらざるを得ませんでした。それが五十の半ばを過ぎるころから、その無尽の妙味に魅せられるに及んで容易に語れなくなりました。然るところ近年になって、再度にわたり浄書を繰り返す中に、幾度か目頭の熱くなるのを覚えました。その後解説を試みるに至っては、感涙に咽《むせ》ぶことが屢々《しばしば》でした。

子思子《ししし》の孫弟子が孟子だと言われています。後世、孔子を至聖と仰ぎ、これに配するに顔子を復聖、曾子を宗聖、子思子を述聖、孟子を亜聖と称するようになりました。

ちなみに、日本の肇国《ちょうこく》以来自然的に発生《はっせい》した古神道《こしんとう》は、言挙《ことあ》げせずして伝承してきたものですが、その理論化に最も近いのが『中庸』であると思うのは私一人ではないと思うわけであります。

先年、致知出版社の藤尾秀昭社長さんから社員全員に『中庸』の講義を懇請されました。甚《はなは》だ忸怩《じくじ》たるものがありましたが、その大要を四回にわたり講じたことがありました。この度、図らずもそれを上梓されるというので驚いておりますが、大方の忌憚《きたん》のないご高批をお願い申し上げる次第でございます。

ここに藤尾社長さま、柳澤まり子専務さまの知己のご道情と、編集部の髙井真人さまのご労苦に対して深甚の謝意を表します。

平成二十三年三月一日

有源舎に於て　　伊與田　覺

「中庸」に学ぶ　目次

第二講　誠を貫く

第三講 至誠をもって生きる

第四講　君子の道を知る

装　幀——川上成夫
編集協力——中田健司
柏木孝之

第一講

天の道を学ぶ

『中庸』を学ぶ意義

東洋思想の深遠を学ぶ

滋賀県草津市にパナソニック（松下電器）が作った、一年間二十四時間教育で販売会社の後継者を養成する「松下幸之助商学院」という学校があります。生徒さんは二十歳から二十五、六歳ぐらいの若い人々ばかりです。そこの卒業式を前に、講話を頼まれて行って参りました。

実はこの学校と私は縁があります。私は四十二年前の昭和四十四年に大阪の生駒山中に「成人教学研修所」をつくったのですが、まだ開店休業のような時に、「松下電器商学院」（現松下幸之助商学院）の先生を養成してくれ、という依頼があったのです。

先生といっても各事業所から選抜された人たちですから、教員養成の専門課程を出ているわけではありません。けれども、これから学院のリーダーになる方々ですから、リーダーとしての心得を持ってもらうために、合宿形式で古典を勉強することにいたしました。

その時、最初に選んだのは、他人に物事を教えるリーダーにふさわしい「大人《たいじん》」となるための書といわれる『大学』です。

そうしたら彼らはビックリしてしまったのです。

「我々は大学に行きながら『大学』を知らなかった。こんな身近に、これほど深い思想があったのか」

というわけです。しかもそれは二千四百年の昔の話ですからね。

これを一つ徹底的に勉強したいというので、約五十時間を費やして『大学』を読み終えました。

そして次は『論語』を説いて聞かせました。『論語』は大部ですので、全部やるわけにはいきませんでしたが、そこで終いにしようと思ったのです。ところが生徒のほうから、次は『孟子』の講義が聞きたい、さらに『孝経』をやってくれというように次々と要望が出て、最後に『中庸』をやってほしいという要望が出されたのです。

こうして約五十日かけて中国の古典を勉強し、さらに日本の「神道」を学んで合宿を終えました。

当時は、仮名書きにせずに漢文の原文のままで勉強しましたが、漢文を勉強したことのない若い人たちでも、百回読むと全員が『大学』を暗唱できるようになりました。そうなると、大意がつかめ、理解できるところと疑問に思うところが出てきます。すると、その後の講義が、ちょうど海綿が水を吸うように若い人々の頭に入っていくのです。

その結果、卒業を迎えるころには、親が感謝して泣き出すぐらいに一人ひとりが成長し、変わっていきました。

形而上の理解は知恵を働かせる

物の存在を表す概念に、形而上と形而下という分け方があります。我々が五感で感じ取れる形あるものを形而下といい、形而上は形を超越した目に見えない、耳に聞こえない精神的なものを指します。

形而上のものは具体的な姿が見えないだけに、その存在を理解することはなかなか難しい。ところが、『中庸』を読むと、この声なき声が聞こえ、形なき形が見えるようになり、ものの真価が分かるようになる、といわれています。

では、どのように、目に見えないものを理解したらいいでしょうか？　皆さんのなかには、『大学』という書物をお読みになった方も読まれていない方もいらっしゃると思いますが、『大学』の核心部分を表した言葉に「格物致知《かくぶつちち》」があります。本書の発行元の出版社名にある「致知」もここからとられていますね。

「格物致知」とは自分自身の心を正して、人間本来の英知を究めることによって知行合一を勝ち取ることです。

「知」には、いわゆる知識の「知」と、知恵の「知」の両面があります。どちらも大切ですが、『大学』でいっている「知」は知恵の「知」（正確には「智」）です。

南宋の大儒家・朱子（朱熹《しゅき》）は「知識をどんどん追求していくと、終《しま》いには真実が分かるようになる」という主旨のことをいっています。それに対して、三百年後の明のこれも大儒家・王陽明《おうようめい》は「そんなことをしたら、一生かかっても分からない」として、自分の足元を掘り下げていくと、そこからこんこんと自分のなかに湧いてくるものがあると主張しました。

こんこんと湧いてくるもの、これが「知恵（智慧）」です。その知恵を働かすと『中庸』は分かるようになります。反対に知識だけで理解しようとすると『中庸』は大変、分かりにくい。

したがって、できる限りの自分が本来持っている智慧を発揮して読んでください。智慧を発揮する第一歩は、自分が素直になることです。自我や私見を捨てると本当の自分が現れてくる。そうして読むと、「あぁ、そうだ」と納得が得られるのです。ところが知識だけを頼りに読むと、「どうも納得いかない」「何をいわんとしているか分からない」ということになりかねません。

『論語』から『大学』、『中庸』へと継承された孔子の思想

『中庸』は、孔子の教えを孔子の孫にあたる子思《しし》（本名は孔伋《こうきゅう》）が解き明かし、まとめた書物です。

孔子はいうまでもなく、今から約二千五百年も前に中国の春秋時代を生きた人です。紀元前五五一年に生まれて四七九年に七十三歳で亡くなりました。この孔子の弟子たちとの問答や言行を集めた書物が、よく知られた『論語』です。しかし『論

語』は体系的に整えられた書物ではありません。約五百章ありますが、章と章の間には連携がありません。非常に短い一行にも足りない文章で一章というのもあります。

皆さんのなかには、この『論語』をお読みになった方がいらっしゃるでしょうが、そのなかに「五十にして天命を知る」という有名な言葉が出てきます。孔子は五十歳にして天命、すなわち自分自身の存在の真意というものを知ったというのです。このことが、孔子の一大転機となりました。実際、五十歳以降の孔子の言動を見ると、その天命に沿う生き方をしております。

しかし、孔子自身は天命がどういうものか説明してはおられない。おそらく、弟子たちはまだ完成には遠く、天命といっても雲の上の話のように思って、なかなか受けつけなかったのではないでしょうか。

孔子には三千人の弟子がいましたが、その中で、天命という話に通じた弟子はただ一人、顔回《がんかい》（顔淵《がんえん》）だけだったといわれています。ところが、その顔回は孔子が七十歳の時、師に先立って亡くなってしまいます。

完熟の境地に近づいている孔子が愛弟子《まなでし》の死に接して「天予《てんわれ》を喪《ほろ》ぼせり、天予《てんわれ》を喪《ほろ》ぼせり」（天は私を無くならせてしもうた、無くならせてしもうた）と、体を震わせて泣き崩れたといわれていますから、いかに深い悲しみだったかが分かります。

しかし、幸いにして七十二歳の時に曾子《そうし》という二十六歳の弟子を得ることができました。この曾子こそ、弟子の中で最も素直に孔子の教えを受け継いだ人です。

曾子はあまり優秀な人ではありませんでした。孔子から「参《しん》（曾子の名）はちょっとのろまだな」といわれるほどでした。反面、性格は極めて素直。孔子の教えを真っ正直に受け入れ、それを実践しようとする人だったようです。

『大学』を編んだ曾子

世の中、頭のいい人が必ずしも優秀で成功するとは限りません。真剣に取り組むことによって知識を超えた霊感も働くのです。優秀な人ほど他人の話を聞いても、「あぁ、こんなもんか」と、すぐに分かった気になりますから霊感が働かないのです。ところが、そう優秀でもない人は、「それは何か？」と一所懸命考えます。

江戸時代の思想家であり実践家でもあった中江藤樹や二宮金次郎は、「聖人」ともいわれますが、彼らは本を読んで、一句あるいは一文字でも意味が分からなかったら、二日も三日も自分で「あぁ、分かった、分かった」となるまで考え通しました。『論語』の冒頭に「学びて時に之を習う。またよろこばしからずや」とあるように、自分で納得できた喜びというものは、何物にも代え難いものです。

表面的に話を聞いたり、本を読んだりしていては、理解も底の浅いものにならざるを得ません。それとまったく逆で、とことん分かり納得したのが曾子でした。その曾子が弟子たちと共につくったテキストが『大学』と『孝経』です。

『中庸』を著した子思

そして、これから勉強していく『中庸』という書物を書いたのが、曾子の弟子となった孔子の孫・子思という人です。子思の父親である孔子の長男は、孔子に先立っています。この時、子思は十歳から十二歳ぐらいでした。それから間もなく孔子も亡くなります。

孔子はおそらく曾子にこの愛孫を託したのでしょう。曾子もそれに応えて、心魂を打ち込んで子思を教育したと思います。その結果が『中庸』という優れた書物に結集しました。

孔子が生きた時代は、一般的に春秋戦国時代といわれるように、群雄が割拠して覇権を競った世の中でした。孔子という人はずば抜けて優れた人でしたから、寄って来る人も非常に多くいましたが、この時代は孔子以外にも優れた学者を輩出しています。

乱れた世をいかにしたら立て直すことができるか、争いが続くなかをいかに勝ち抜いていくか、そして、人としていかに生きていくか――など、それぞれが独自の考えを表明して仕官の道を探りました。こうした人たちを「諸子百家」といいます。

乱世に生まれた「四書五経」

平和な時代には皆がノホホンと生きていますから、偉い学者もあまり出てきません。実際はどちらがいいか分かりません。優れた学者も出ない代わりに、争いもなく皆が平和に暮らしていけたら、これに越したことはありません。しかし、世の中はそういうわけにはいきません。必ず世は乱れます。そうした時に、どうしたら世の中がよくなるか、という要求を満たすためにいろいろな説を持った学者が現れてくるのです。

子思が生きた時代もそうでした。その結果、孔子の教えはだんだん影が薄いものになりかけていました。そうしたなか、孔子の教えを明確に理論化、体系化したのが子思だったのです。

『大学』と『中庸』は、礼を書いた『礼記』という書物の一遍として収容され、読まれてきました。ところが今から九百年ほど前の北宋の時代に登場した学者が、人間学の最も手近なテキストとして、この『大学』と『中庸』を『礼記』から独立させました。この二書に、南宋の朱子が、基本教材ともいえる『論語』と子思の孫弟子にあたる孟子が著した『孟子』を加えて四書と呼び、これを学べば孔子の教えである儒教の本筋をつかむことができるとしました。

そしてさらに勉強しようと思う者は、四書の原点ともいうべき、前漢の武帝が選定した『易経』『書経《しょきょう》』『詩経』『礼記』『春秋』の五経を学び、儒教の神髄をつかんだのです。

これらをあわせて「四書五経」といい、勉学の基本的教科書となりました。そのなかの一つである『中庸』をこれから学んでいくことにいたします。

【中庸第一章】……天命を知る

天《てん》の命《めい》ずる之《これ》を性《せい》と謂《い》う

天《てん》の命《めい》ずる之《これ》を性《せい》と謂《い》い、性《せい》に率《したが》う之《これ》を道《みち》と謂《い》い、道《みち》を修《おさ》むる之《これ》を教《おしえ》と謂《い》うなり。

「天」とは何か

『中庸』では最初から「天」という抽象的な概念が出てきます。そして同書の最後にも「天」のことが書いてあります。なんて書かれているかというと「声《こえ》も無《な》く臭《におい》も無し」。つまり声もなく臭いもない、我々が単なる表面的感覚器官では捉えられないものだと。

我々は、形があるから目で見ることができるし、声として聞くことができるから存在を知ることができます。しかし「天」は、声もなく臭いもない、形もない、そういうものだというわけです。普通の頭からすると「そんなものの存在が理解できるかい」ということになるのは当たり前です。

しかし孔子は、こういっています。

孔子がある時、「我言うことなからんと欲す」、つまり「もう私は何にもいうまいと思う」と、三千人もいる弟子のなかでも最優秀と認められていた子貢《しこう》に向かっていわれました。それに対して子貢が「先生が何もいわなかったら、私たちは先生の教えを受け継ぐことも、世の中に広めることもできません。やはり何かいっていただかないと……」というと、孔子は「天何をか言うや。四時行われ百物生ず」と答えたのです。

「天」というものは何もいっていないけど、四時つまり春夏秋冬は、春から一足飛びに秋になることが決してないように、変わりなく必ずめぐってくる。そして百物、これは万物と言い換えていいのですが、人間、草木、すべてのものが、生成・発展している。「天」は何もいわないけれど、これは「天」の働きだ。

したがって、言葉や姿がなくても必ず「天」の力が働いている。最近は科学技術が発達して生命のメカニズムが徐々にではありますが明らかになってきました。しかし、そうした知識がなくても生き物は日々、成長していきます。「天」とはそういうもので、ものはいわないけれど存在はしている、というわけです。

何かわかったような、分からないような話だ、と思われた方も多いでしょうが、「天」を理解することは『中庸』の鍵ですので、大部分の解説書が「天は天である」というような解説ですましているところを、私が今まで書物を読み、体験をし、そしてこのごろになって、ちょっと分かりかけてきたことを踏まえて、読み解いてみたいと思います。

「天」は万物生成の根源

それでは冒頭の「天の命ずる之を性と謂う」から始めましょう。

「天《てん》の命《めい》ずる之《これ》を性《せい》と謂《い》い、性《せい》に率《したが》う之《これ》を道《みち》と謂《い》い、道《みち》を修《おさ》むる之《これ》を教《おしえ》と謂《い》うなり」

「天」という言葉は、空を指す場合もありますが、天地という時の「天」は太陽、地は地球を表しています。ところが、この天地のもとはどのようにできたのかというと、未だに謎だらけです。科学の発達で宇宙発展のメカニズムも生命誕生の神秘も相当なところまで解明されてきました。しかし、根本までは至っていません。

その解明できない摩訶不思議なもの、これを私たちは昔から「神《しん》」と呼んで畏れもし、感謝もしてきました。神というものは、説明がつかないから神であって、説明がついたら神でなくなります。

したがって、現代の科学者というものは、説明のつかないところを追求していますから、ある面では、私たちが子供のころから畏れていた神の領分に踏み込んでいるといってもいいでしょう。

さて、ここでは声も臭いも発しないけれども、すべてを生み出すもととなる「天」という摩訶不思議な存在がある、ということだけ頭に置いて次に進みましょう。

「命」の二つの意味

次は「命」という字ですが、これには二つの意味があります。

一つは「命令」という意味。命令という以上、絶対に背くわけにはいきません。もう一つは「働き」という意味です。この「命」という字を私たちは「いのち」と呼んでおりますが、これは命ある限り誰もが何らかの働きをしている、ということをあらわしてもいます。

「性」は一人ひとり違うもの

そして、天の命令、働きによって生じるものが「性」です。私たちは天の命じるところにより、この世に生を受けてくるのですが、こうして生まれる万物には、それぞれ特性があります。それはすでに天によって生まれながらに定められたものです。

例えば人間をとりあげてみれば、まず人間は動物ですから、植物とは違う動物性という特性を持っています。次に同じ動物でも犬や猿と違う人間性という性を持っています。さらに人間は、男性、女性という二つの性に分かれ、そのうえ、人それぞれ顔が違うように、一人ひとりが個性を持っています。

このように人間は、一人ひとりが皆違う、代替のきかない絶対的な存在です。

従って、それぞれが人間として完成するためには、天から与えられた性を十分に育てて向上させ、発揮する必要があります。それができた時に初めて人間として完成されたといわれるのです。

人間は皆が同じになるとは限りません。同じように努力しても、皆が違った人間になっていきます。それは性（特質、個性、使命）が違うからです。

「自分はどのような性を天から与えられているか」――これを知り、自覚することが、実は人が生きていくうえで、とても大切なことなのです。

性に率う之を道と謂う

「性」が分かれば、後はその性にしたがって生きていく、これを「道」といいます。

「道」とは目標に到達するための、いわばルールです。したがって、人には人それぞれに、独特の生き方があっていいのですが、この道を外れた生き方をすれば、まっとうな人生を歩むことができなくなるわけです。

そのうえ、この道は人間が勝手につくった道ではありません。我々は天によってつくられたものですから、ルールも天がつくったものです。それを踏んでいかないと、性は発揮されないのです。

私たちを取り巻く環境は日々、変化しています。しかし、その変化の中にも、変わらないルール、つまり法則があります。それを踏み外したら、私たちは人間でなくなってしまいます。

天には天のルールがあります。朝の来ない夜はない、というように太陽＝天もちゃんとしたルールによって動いている。これを「天道」といいます。

さらに地にも地のルールがあり、これを「地道」といってもいいわけですが、古代の中国人はこれを「理」と呼びました。「地理」という言葉もありますが、「理」というのは、もともと玉の筋目のことです。それぞれの玉には筋目があり、それによって玉の種類が変わっていくという意味です。

したがって、天の道、地の道を合わせて「天理」ともいうのです。しかし一般的には「天道地理」といい、ここから「道理」という言葉が生まれました。

一方、人間にも「道理」にかなった人としてのルールがあります。これを「義」といいます。我々はよく「道義」という言葉を使いますが、本来は人の道のことです。そして、これらのルールの根源となるのは、やはり天のルールです。

しかし、このルールを探すのは一筋縄ではいきません。第一、自分自身のルールもよく分からないなかでは、天のルールもなかなか見つかるものではありません。そこで人間はまず、自分とはどういう人間かをじっくり観察することからはじめました。古代ギリシアの哲学者・ソクラテスも、第一に「汝《なんじ》自身を知れ」といっています。

そして次に、そんな自分をどのようにして完成したらいいかというルールが出てきます。ところが、誰もがこのルールを探しているものの、なかなか見つからないのが現状です。

道を脩むる之を教と謂う

しかし、世の中、捨てたものではありません。時々、生きながらルールを見つけ、完成の域に迫った人たちがいます。そういう人たちが「だいたい完成の域に近づいてきたぞ」と思った時に、「わしも通ったんやから、お前さん方もこの道を通れば大きな間違いはないぞ」という道標《みちしるべ》の栞《しおり》を残してくれました。それが「教え」です。お釈迦さんにしてもキリスト、あるいは孔子にしても、その教えは必ず自ら実践をして、完成の域に達した人の成果です。だから我々は、この教えを素直に学ぶ。学ぶことは真似ることです。真似することによって道を発見し、その道を歩めば、各個人に与えられた立派な人間としての完成の域に少しでも近づくことができるのです。

こうした教えを我々は「宗教」と呼んでいます。「宗」という字は本筋という意味です。人間となるための本筋の教え、それが宗教です。したがって、宗教の教えは知識や技術を教えるものではありません。人間として立派に完成するための最も基本的な〝教え〟を教えてくれるのです。

宗教には、キリストや仏陀のように教祖がいます。儒教は宗教のなかに今は入れませんが、人となるための本筋を教える点では宗教といってもいいものです。そのため、宗教には必ず人間的カラーがあります。

したがって、同じことをいっていても宗教によって表現方法、カラーが違うのです。人間は色の好みも赤を好む人もあれば、青を好む人もあるというように、個人によって違います。各人が自分に合った宗教を見つけることが大切です。

「天」を知るには「覚る」ことが必要

学ぶということは、ある意味、知識の積み重ねで機械的な動作です。ところが、その知識を納得できるまで理解するには、人によってかかる時間が異なります。同じ一つの山を登るにしても、急な坂道を登る強い足を持っている人であれば、急な坂道を通って短時間で登れますが、足の弱い人は時間がかかっても平坦な道を通って登らなければなりません。自分にはどの道が一番適当であるかを知り、自ら納得しなければ、次に進めません。これを「覚《さと》る」といいます。

つまり知識の積み重ねを「学ぶ」とすれば、学んだ知識が自分の中で納得でき、理解できる、これを「覚る」というのです。したがって、学ぶだけではなく覚り、納得、理解しなければ、天から与えられた道を歩んでいくことにはならないのです。「覚」という字は冠の下に「見」と書きますが、自分で見てちゃんと確かめるという意味なのです。

「さとる」という言葉は他にも「暁る」とも書きます。これは、今まで真っ暗だったのが、明け方になって陽が差してくる。すると、それまで見えなかったものが、はっきりと見えてくる、という意味があります。

また、「悟る」という字は、心をあらわすりっしん偏に「吾」と書きます。この「吾」という字は五本の指を口に当てて黙っている様子をあらわしています。つまり、自分の覚った境地は、口で話すことはできないということです。

商売をはじめとして、多くのことにコツがあります。コツを心得ている人は、商売の極意を悟っている人。コツというのは、口でいくら説明しても分かるものではありません。おそらくその人が体験をして、成功や失敗を繰り返していくなかでつかむものでしょう。

こうして『中庸』の冒頭を教えられる側から見ると、教えを学ぶことによって道を知り、自分の足で歩いて自らを完成していくという意味になります。

君子《くんし》は、其《そ》の睹《み》ざる所《ところ》に戒慎《かいしん》す

道《みち》なる者《もの》は、須臾《しゅゆ》も離《はな》る可《べ》からざるなり。離《はな》る可《べ》きは道《みち》に非《あら》ざるなり。是《こ》の故《ゆえ》に君子《くんし》は其《そ》の睹《み》ざる所《ところ》に戒慎《かいしん》し、其《そ》の聞《き》かざる所《ところ》に恐懼《きょうく》す。隠《かく》れたるより見《あら》わるるは莫《な》く、微《すこ》しきより顕《あき》らかなるは莫《な》し。故《ゆえ》に君子《くんし》は其《そ》の獨《ひと》りを愼《つつし》むなり。

正しい道を歩むためには

道というものは、人間の都合で勝手につくったものではありませんから、「須臾《しゅゆ》も離《はな》る可《べ》からざるなり」。須臾というのは暫《しばら》くということですが、少しも離れることはできない。「離《はな》る可《べ》きは道《みち》に非《あら》ざるなり」。そして、離れてもいいような問題のないものは、それは本当の道ではない、といっています。

「是《こ》の故《ゆえ》に君子《くんし》は其《そ》の睹《み》ざる所《ところ》に戒慎《かいしん》し、其《そ》の聞《き》かざる所《ところ》に恐懼《きょうく》す」

そのために君子は、誰も見ていないところでも、自身を戒め慎んでいる。誰も聞いていないところにおいても恐懼《きょうく》す、といっています。

恐も懼も、いずれも恐れるという意味です。恐れ戦《おのの》いて、その道から外れないように、正しい道を踏んでいくということです。人間はうっかりすると道を踏み外す。そこで常に恐れ慎むことが大切だ、という意味です。

東洋道徳の根幹をなす「慎独」

「隠《かく》れたるより見《あら》わるるは莫《な》く」

これは前項のことを反対からいっています。誰も見ていないところで、隠れて「まぁ、これぐらいはいいだろう」と手を抜くと、やがてそれが積み重なって、思いがけない時に、ポッと外に現れる場合があるということ。そうすると、初めから現れているのと違って、ポッと出てきた時の反動というものは非常に大きいのです。

よく「あの人は立派な人だ」といわれている評判の人が、何かの拍子に悪事がバレて、失脚していくことがあります。こうした一挙に破滅に向かう転換点を、特異点（シンギュラーポイント）といいます。

シンギュラーポイントは、いいほうにも現れます。長年、人知れず善行を重ねてきたことが分かって、その人に対する尊敬の念が倍加する場合があります。しかし実際には、悪いことを重ねてきて「あの人は仏さんのような顔をしながら、とんでもない人間だった」というケースが大半です。

最近、テレビのニュースなどでよく見る会社の経営幹部が揃って頭を下げているシーンなどは、悪事がバレたシンギュラーポイントの直後ということで、やはり「隠れたるより見わるるは莫し」のなれのはてですね。

「微《すこ》しきより顕《あき》らかなるは莫《な》し」

これも前項と同じことです。「微」という字は「すこし」と読みます。あるいは「かすか」とも読みますが、ほんのわずかな見逃しでも、積み重なっていくと、やはりシンギュラーポイントで現れる。したがって、ほんのわずかなことが、実は小さなことではないのですね。目にも見えない原子の中にも、実に絶大なエネルギーが蓄蔵されている、ということが分かってきましたが、小さいからといって馬鹿にしてはいけないということです。

この「微しきより顕らかなるは莫し」から、小さななかに大きなものを発見する道具に、顕微鏡という名前が付けられました。

「故《ゆえ》に君子《くんし》は其《そ》の獨《ひと》りを慎《つつし》むなり」

そこで、君子（君子にもさまざまな種類がありますが、ここでいう君子は成徳といって、徳の非常に優れた立派な人物のこと、あるいは、立派な人物になろうと志して努力している人を指しています）は「独りを慎む」。すなわち「慎独」です。『中庸』の実践において最も重要視しているのが、この「慎独」ということです。誰に見られることがなくても独り、自らを律していく。これは、東洋の道徳において最も重要なものです。

失われた「教育勅語」の精神

日本では昔から、悪事を戒める時に「お天道様が見ている」という言葉が使われてきました。誰も見ていないと思って悪さをしても、天（神）は必ず見ていて、いつかバチが当たる、というわけですが、「慎独」はこれと共通する考え方です。
天がいつも見ているからこそ、常に自らを律し、正しい行いを心掛けなければいけない、というのが日本の道徳の基本でした。ところが近年は、バレなければ何をやってもいいという風潮が世を覆っています。これも小さなころからの道徳教育の欠如の表れだと思います。嘆かわしいことです。

大学でも、法科はあるけれども自己自身を修めていく学科はありません。これには明治初期、東京に帝国大学ができた時に、明治天皇が帝国大学を視察され、非常に進んだ教育の在り方に感心をされながらも、一つだけ、将来の日本を背負って立つリーダーをつくる大学に「身を修める」、つまり修身科がないことにご懸念を示されたことがあります。そして、時の文部大臣や総理大臣にこれを諮《はか》られるのですが、実現しなかった、という経緯があります。

そこで明治二十三年十月三十日に明治天皇は、教育に関する勅語、いわゆる「教育勅語」を発布されて、全国民に修身の重要性を説かれました。昨年（平成二十二年）はこの「教育勅語」発布からちょうど百二十年にあたりました。

ところが、この「教育勅語」は戦後、連合国の占領政策の一環として廃止されました。それと同時に修身科も廃止され、代わって法律が生活するうえにおいて最も重要なものになったのです。

しかし、法律は時代によって変化します。今の民主主義の行き方からすると、たった一票の差でも変わることになります。法治国家である以上、遵法精神は大切ですが、法律を超えたもう一つ先に、天理というか天の掟があることを皆が忘れているのが現状です。

現在ある社会的規範や道徳は、天理を基に長い時間をかけて人々が知恵を出し合いつくってきたものです。だからこそ、法律の一文を知らなくても大部分の人は、誤ったことをせずに生きることができたのです。そして「慎独」はその基本といえるものだったのです。

独りの時に、いかによき行いをしているか否か――これが人間を磨くうえでの大きな分岐点になるということを、今、改めて一人ひとりが自覚する必要があると思います。

中は天下の大本なり

喜怒哀楽《きどあいらく》の未《いま》だ発《はっ》せざる、之《これ》を中《ちゅう》と謂《い》い、発《はっ》して皆節《みなせつ》に中《あた》る、之《これ》を和《わ》と謂《い》う。中《ちゅう》は天下《てんか》の大本《たいほん》なり。和《わ》は天下《てんか》の達道《たつどう》なり。中和《ちゅうわ》を致《いた》して天地《てんち》位《くらい》し、萬物育《ばんぶついく》す。

「中」は無心＝「空」の状態

「喜怒哀楽《きどあいらく》の未《いま》だ発《はっ》せざる、之《これ》を中《ちゅう》と謂《い》い」

ここで文章は一変します。人間が人間たるところは、喜び、怒り、悲しみ、楽しみなどの感情を持っているところですが、前述した王陽明という学者は「人生は喜怒哀楽の四つに尽きる」といっています。

人間の生活で、喜怒哀楽のない人生は考えられませんから、何か出来事にぶつかるたびに、そのいずれかの感情が間髪を入れずに出てきます。感情を持つことは、生ける人間の印ですね。

この感情が外に現れないで、「内でひょっと統一されている状態、これを『中』という」と、ここではいっています。

私たちには普段、空気が無色に見えますが、虹やプリズムに光が当たると七色に分かれることを知っています。つまり、空気は無色ではなく、平生はそれが統一されて色が調和し、それぞれの色が単独で発揮されていないのです。その結果、無色に見えるのです。

人間も同じです。平生は、喜怒哀楽が発していない。それが「未だ発せざる」です。「中」という字は「無」といってもいいでしょう。外から見たら何もない状態です。この無色の状態が「中」です。「中」というのは、形のうえからいったら何もない、すなわち無心、空《くう》の状態のことです。

喜怒哀楽が外見に現れない人というのはごく少数ですが、「こんなことをしたら怒るだろう」と思っていたら、何の反応も見せず平然としている人は確実に存在します。こうした人々は腹の中でちゃんと処理しているんですね。腹のできている人とできていない人とでは、そこが違う。人間が大きな人物は、腹の中の統制が取れるというか、調和が取れているのです。

「中」の持つ二つの意味

「発《はっ》して皆節《みなせつ》に中《あた》る」

ここに出てくる「中」の字は、前項と意味が違い「あたる」と読みます。

「中」という字には、二つの意味があります。

一つは「結ぶ」という意味です。結び合わせることです。この結び合わせるにも二つの場合が考えられます。同質のものを結び合わせる場合と、異質なものを結び合わせる場合です。同質のものを結ぶことを「混合」といいます。それに対して異質なものを結び合わせ、そこから新たなものを創っていくことを「化合」あるいは「化成」といいます。

ここでいっている「中」の「結ぶ」の意味は「化合」あるいは「化成」のこと。前項で「内でひょっと統一されている状態」といった「中《ちゅう》」は、この「中」です。

一方、本項で「あたる」と読む「中」は、「的中する」などに使われる「中」です。的中は良いところに当たることを指し、よい時、つまりタイミングがいいことを「時中《じちゅう》」といいます。いずれにしてもビシビシと百発百中するという意味です。

前項で「空」といった心も、外からの刺激によって喜怒哀楽が外に出てきます。怒りもしない、喜びもしない、哀《かな》しみもしない。これでは人間といえません。喜ぶべき時に大いに喜び、哀しむべき時に大いに哀しむ。親が亡くなって思いっきり哀しむ。食事も喉を通らない。これが節度に的中しているということです。

「之《これ》を和《わ》と謂《い》う」

喜怒哀楽が激しく、年中、怒っている人がいるかと思うと、滅多にカミナリは落とさないが怒ったら怖い、という人がいます。あるいはパッと怒っておいて、後は忘れているなんて人もいます。こういう人は的を射ている、すなわち節を得ている人です。

怒るべき時には怒らなければいけませんからパッと怒りますが、それに引っかけて三年前のことまで思い出して叱りつけると、これはもう、節に当たっていないわけです。

怒るべき時に怒り、哀しむべき時に哀しむ。このように喜怒哀楽にも節があり、そこにピタッと的中させて怒るなら怒る、哀しむなら哀しむ。これを「和」というわけです。

「未発の中」と「既発の中」

このように「中」には、「未だ発せざる、之を中と謂う」という「未発の中」と、笑うべき時に笑い、怒るべき時に怒るというように、はっきりと外見に現れる「既発の中」の二種類があります。

偉い禅宗の坊さんなどは、この二つの「中」の使い分けが実にうまい。私も優れた僧について修行をしたことがありますが、ある時、まだ見習いの小僧が何か粗相をしたのでしょう、ミソクソに怒っている。廊下から蹴落とした坊さんもいました。ところが一転してこっち向いたら、ちゃんと平静を保っているのです。

やはり、間違ったことをした時には、厳しくその場で叱らないと小僧は一流の坊さんには育ちません。人前だからといって見逃していたのでは、本人のためにならない場合が圧倒的に多い。未発の中と既発の中を自由自在にあやつることができる人こそ、本当の優れた人といえるのではないでしょうか。

和《わ》は天下《てんか》の達道《たつどう》なり

「中《ちゅう》は天下《てんか》の大本《たいほん》なり。和《わ》は天下《てんか》の達道《たつどう》なり」

『大学』の中に、

「其《そ》の國《くに》を治《おさ》めんと欲《ほっ》する者《もの》は、先《ま》ず其《そ》の家《いえ》を齊《ととの》う。其《そ》の家《いえ》を齊《ととの》えんと欲《ほっ》する者《もの》は、先《ま》ず其《そ》の身《み》を修《おさ》む。其《そ》の身《み》を修《おさ》めんと欲《ほっ》する者《もの》は、其《そ》の心《こころ》を正《ただ》しうす」

という一節があります。

この「心を正しうす」ということが、『中庸』でいう「中」にあたります。

そして『大学』では、

「心《こころ》を正《ただ》しうせんと欲《ほっ》する者《もの》は、先《ま》ず其《そ》の意《こころばせ》を誠《まこと》にす」

と続きます。「意」というのは意識とか感情とかいうものですが、これが純粋になっていくことが「誠」にするということです。怒るべき時に怒り、悲しむべき時に悲しむ、これが誠ということになります。

したがって、心の内が正しければ、外に発せられる意識や感情もより純粋に正しいものになり、逆に純粋な誠の意識を持てば、自ずと内なる心も正しくなるということです。この「正心」と「誠意」は、『中庸』の「既発の中」と「未発の中」の関係と同じといえるでしょう。

そして、前記の文章ですが、こうした「中」というものは、すべての大本になるものである。また、それが外に現れた「和」は、その道を達成していくうえにおいて、行動として外に現れるものである、といっています。「和なる者は天下の達道である」という文節は、「意を誠にする」に通ずるものです。

「中和《ちゅうわ》を致《いた》して天地《てんち》位《くらい》し、萬物育《ばんぶついく》す」

致すというのは、極めるという意味です。中和を極めていくことによって、「天」と「地」がそれぞれの域を持ちながら、よく中和して、すべてのものが生成し、発展していくといっています。

「中」というのは創造の原理を説いたものであり、正しいものを生成して発展させる根本の働きです。そして、ここでいう「中」は、喜怒哀楽のような異質なものを結び合わして、新しいものを生じさせる、という意味です。

「中庸」思想が生きる日本

異質なものを結び合わせて新たなものを創造する「中庸」思想は、中国には古くからあったといわれていますが、実証的に検証され、実践してきたのは日本の「神道」です。日本神道の精神で一番の中心になるものは、結ぶという意味での「中」なのです。

それは「天地《あめつち》のはじめの時になりませる神の御名《みな》を天之御中主神《あめのみなかぬしのかみ》と申し上げる」で始まる『古事記』をお読みになるといいと思いますが、天地万物を創造していくなかで多くの異質なものを結びつけている。それが結局世界文化を吸収する大きな力になっており、ひいては日本の発展に大きく寄与していると考えています。

先日もテレビで邪馬台国の位置を探る番組を放映していました。畿内説、九州説とさまざまですが、当時から日本は中国や朝鮮の文化を積極的に取り入れてきました。しかし、その後の日本は中国化も朝鮮化もしませんでした。なぜか？　それはすでに日本には独自の文化があったからです。もしそれがなかったとしたら、外来文化が入ってきたとたんにそちらに引き込まれて、他国化したことは確実です。

ところが日本は、他国のいいところは学び、悪いところは捨てました。そして独自の日本文化に切り替えていったのです。例えば漢字にしても、仮名を発明したのは日本です。その仮名も、ひらがなとカタカナがあって、漢字と仮名をみごとに組み合わせて日本文化の思想を表現しています。仏教も入ってきました。しかし日本は、インド化も、中国化も、朝鮮化もしませんでした。

近年、日本でも英語を小学校の必修にするという動きがあり、国語が疎《おろ》かになっていると問題になっています。ところが日本人は、古くから外国文化を日本文化に同化、吸収していく特別の能力を持っているんです。それが現代において、世界の先頭に立っている大きな要因です。

二〇世紀を代表する歴史家にして思想家のアーノルド・トインビーは、日本に来て『日本の活路』という書物を書きました。その中で「日本人よ、神道を忘れるなかれ。日本人が神道を持つ限り、常に世界の先頭に立つであろう」と言っています。『中庸』の思想は、中国の非常に進んだ思想ではありますが、それが実践的に今もなお生き抜いているのは日本であるということを忘れないでください。

次の第二講では「誠」あるいは「至誠」ということを、より深く解説していきます。実はこの「至誠」こそが、『中庸』を貫く精神に他なりません。「至誠」というのは天の働きです。至誠を体している人と、そうでない人とでは、あらゆる面で大きな差が出てきますので、しっかり学んでください。

第二講

誠を貫く

【中庸第十四章】……自己をわきまえる

君子《くんし》入《い》るとして自得《じとく》せざる無《な》きなり

君子《くんし》は、其《そ》の位《くらい》に素《そ》して行《おこな》い、其《そ》の外《ほか》を願《ねが》わず。富貴《ふうき》に素《そ》しては富貴《ふうき》に行《おこな》い、貧賤《ひんせん》に素《そ》しては貧賤《ひんせん》に行い、夷狄《いてき》に素《そ》しては夷狄《いてき》に行《おこな》い、患難《かんなん》に素《そ》しては患難《かんなん》に行《おこな》う。君子《くんし》入《い》るとして自得《じとく》せざる無《な》きなり。

誠心誠意、全力を尽くし、それ以外を望まず

「君子《くんし》は其《そ》の位《くらい》に素《そ》して行《おこな》い、其《そ》の外《ほか》を願《ねが》わず」「君子」という言葉にはいろいろな種類があります。

まず成徳の人、つまり徳がよく修まった立派な人物を君子といいます。また、そういう人物になりたいと志を立てて努力をしている人も君子といいます。さらに、そうした成徳の君子は人からも尊敬され、自ずと人の上の位につくようになりますから、単に上位者を君子と呼ぶこともあります。

いずれの君子を指しているかは、各自の判断に委ねられることが多いのですが、ここでいう君子は「立派な人物」と解するのが、私はいいと思います。

また、「位」というのは自分の位置、「素する」ということは「拠《よ》る、基づく」という意味があります。

人間にはすべて自分の位置というものがあります。人間は平等であるという思想もありますが、社会においては決して平等ではありません。皆一人ひとり、ちゃんとした位置があるものです。自分の位置というものをきちんと理解すれば、自ずと呼び名も変わってきます。

例えば、自分が子という位置にある場合には、いわゆる親に対しては子でありますが、もし自分に子供が生まれれば、すぐ親に変わることになります。つまり、同じ人間が親になったり子になったりするのです。

私らのように歳をとってくると、孫やひ孫ができるようになります。自分の子供からは「お父さん」といわれ、孫からは「おじいちゃん」といわれるようになる。

また、兄に対しては弟であっても、弟に対しては自分が兄であるというケースも考えられる。

さらに会社の中で出世をしていけば、社員から役員になり社長というように名称が変わっていく。そして肝心なことは、名称の変化にしたがって、その在り方も変わっていくということです。

加えて、人間というものは常に変化しているものです。私も九十年余り生きてきて、ずいぶんといろいろなことがありました。皆さんもそれなりにいろいろ経験をしておられると思いますが、実際、何が起こるか事前に明確に予測することは不可能です。分からないまま生きている。

したがって、今が終わりであり、始めでもあるのです。ある事象に対して瞬間、瞬間で適当な判断と処理を繰り返しているのです。決して予定通りにはいかないが、それが人生だと思います。

日本という国も、戦前は世界三大強国などといわれていました。それが戦いに敗れると同時に、どん底に蹴落とされた。独立性さえ失い、連合国の占領軍にペコペコしなければならない時がありました。

その時、占領軍を進駐軍と呼ばされました。戦争の善し悪しは別にして、進駐軍というと、何かえらく立派な人を迎えたように感じたことを思い出します。同じ占領行為でも、日本人が行ったのは「侵略」で、向こうが来たのは「進駐」というように、置かれた位置・立場によって呼び方も違ってきます。

人生というものは何が起こるか分かりませんが、人々はその位（位置・地位）に基づいてやるべきことを誠心誠意、全力を尽くすことが肝心で、それ以外を望まない、ということをいっています。

郷に入れば、郷に従う

「富貴《ふうき》に素《そ》しては富貴《ふうき》に行《おこな》い、貧賤《ひんせん》に素《そ》しては貧賤《ひんせん》に行う」

「富」は財産・裕福という意味、「貴」は地位が高い人のことです。「富貴に素しては富貴に行い」とは、地位も高く裕福な人にはそれにふさわしい生き方があるということ。

また逆に「貧賤に素しては貧賤に行う」とは、人間、いい時もあれば事業に失敗などして収入を失う時もある。あるいは高い地位に上っていたけれども、何かのはずみで落下してしまうこともある。そうした貧賤の時期には、それなりの生き方があり、決して高望みをしない、という意味です。

「夷狄《いてき》に素《そ》しては夷狄《いてき》に行《おこな》い」

中国という国は、自分のいるところを中華と呼び、周囲の国は皆、文化程度の低い野蛮な国だとして、東夷《とうい》・西戎《せいじゅう》・南蛮《なんばん》・北狄《ほくてき》と蔑称で呼んでいました。

東夷は東の異民族を指していますが、「夷」という字は弓という字に人を重ねています。弓を持った男ということです。西戎の「戎」は矛を持った人。南蛮の「蛮」には虫が入っていますから「虫けら」ですね。そして北狄の「狄」はけもの偏がついていますから動物。いずれも禽獣《きんじゅう》に等しい民族とし、中央（中華）の文明国の優位性を自慢していった言葉です。

かつて私たちは、大陸の中国のことを支那《しな》と呼んでいました。これは、秦の国名をローマ字で書いたらチャイナになり、それを日本語で読んで支那とかシナといっていたのです。決して軽蔑した呼び方ではありません。ところが、これも前述した進駐軍（ＧＨＱ）によって禁止されてしまうのです。

私も終戦直後、ある雑誌に支那と書いたら、早速、ＧＨＱから呼び出しがあって、けしからんというんです。「では、何と呼んだらいいか？」と尋ねたら「中国」と書けという。そこで、「あそこには秦という国があったり漢、隋、宋、元などの国はあったが、中国という国は昔からない」といって反論したのですが、敗戦国民としては通る話ではありませんでした。

いずれにしても夷狄とは外国のことです。そうしたところへ行ったらそれらしく生きていく、という意味です。

「患難《かんなん》に素《そ》しては患難《かんなん》に行《おこな》う」

病気や貧乏など、さまざまな憂い事、心配事、なかなか思うようにならないことに対しても、それを基にして対処していかなければならない。

「らしく生きる」ことの難しさ

「君子《くんし》入《い》るとして自得《じとく》せざる無《な》きなり」

「自得」とは自ら満足するということです。つまり、どこへ行っても、不平不満ではなく「自分の居るべきところはここや」と決め、他を願わずにその場所らしく生きていく、という意味です。

『論語』の中に、斉の景公《けいこう》という殿様が、孔子に政《まつりごと》の心得を聴く章があります。それに対して孔子は「君《きみ》、君《きみ》たり、臣《しん》、臣《しん》たり。父、父たり、子《こ》、子《こ》たり」と答え、これが政の一番大切なことだと強調しました。

つまり、君主となれば君主らしく生き、臣下は臣下らしく、父親になれば父親らしく、子供は子供らしく生きるということ。この「らしく生きる」ということは、「入るとして自得せざる無きなり」と同じことです。

この孔子の答えを聴いた景公は、「ああ、これはいい言葉だ。もし本当に、君、君たらず、臣、臣たらず、父、父たらず、子、子たらずんば、粟《ぞく》有りと雖《いえど》も、吾、豈《あ》に得て諸《こ》れを食らわんや」といったという。

すなわち、君主、臣下、父、子がそれぞれ君主らしくない、臣下父、子らしくない生き方をし、その役目を果たさずに勝手なことをし始めたら、たとえ食べ物があっても食べることができなくなるだろう、ということです。

景公にとって一番響いた言葉は「君主だから君主らしくやらなければいけない」ということだったでしょう。

中国の曲阜《きょくふ》という孔子の出身地に、今、新しい建物ができています。それは人間学と時務学の両面を象徴する建物です。人間学を象徴する建物は「論語碑苑」といい、時務学を象徴する建物は「六芸城《りくげいじょう》」といいます。

時務《じむ》学とは世の中を渡っていくうえにおいて大切な知識・技術を身に付ける学問

ですが、中心となる六芸とは礼《れい》（生活規範）・楽《がく》・射（弓術）・御（馬術）・書・数です。これらを修めることが世に立っていくうえで非常に大切なものであるとされました。

一方、人間学で一番中心になったのが『論語』でした。『論語』は約五百章から成り立っていますから、その一章ずつを中国内外の『論語』に関係の深い人たちに書にしてもらい、それを彫り込んだ石碑が広い敷地の中に建っているのが「論語碑苑」です。

書き手には日本人も二人選ばれ、その中の一人が私でした。そして振りあてられたのが、前述した「斉の景公、政を孔子に問う。孔子これに答えて曰わく、君、君たり……」という文言でした。同苑は一昨年、完成し、私も出席して合同除幕式を行いました。

話が少しズレてしまいましたが、「らしくする」ということ、なかなか言うは易く、行うは難《がた》しです。

君子は易《やす》きに居《お》りて、命《めい》を俟《ま》つ

上位《じょうい》に在《あ》りて下《しも》を陵《しの》がず、下位《かい》に在《あ》りて上《かみ》を援《ひ》かず、己《おのれ》を正《ただ》しくして人《ひと》に求《もと》めざれば則《すなわ》ち怨《うら》み無《な》し。上天《かみてん》を怨《うら》みず、下人《しもひと》を尤《とが》めず。故《ゆえ》に易《やす》きに居《お》りて以《もっ》て命《めい》を俟《ま》ち、小人《しょうじん》は険《けん》を行《おこな》いて以《もっ》て幸《さいわい》を徼《もと》む。

謙虚に構えることの大切さ

「上位《じょうい》に在《あ》りて下《しも》を陵《しの》がず」

高い地位にある者は、下の者と競わないということなんですが、下のほうにできのいい人間が出てくると、そうもいきません。

負けん気を起こすのはいいけれども、なかには、将来、自分の地位を脅かすのを恐れて、苛《いじ》めるような程度の低い人間もいます。これが下役と競うということ。上役になったら上役らしく、優れた部下が出てきたら、それを育て、立派にしてやることが大切なんですね。

六、七年前のことです。大企業の係長だったという五十歳をちょっと出たぐらいの人が、私のところへやってきました。よくよく聞いてみると、彼がいうことには、仕事ができるものですから上司の目障りになり、リストラで一番先にクビになったというのです。子供が二人いて、上は来年、高等学校に入る。そこで、仕事を探すまでしばらく置いてくれ、というのです。

そこで、なかなかできそうな人物だったので、書籍の整理などがありましたから、しばらく通ってみたら、といって置いてやりました。しばらく観察していると、よくできる反面、それを鼻にかけるところもある。「なるほど、上司は彼のこんなところが気に入らなかったのだな」と思ったものでした。

ところが当時、いくら大企業出でも、五十歳過ぎでリストラされた男を雇ってくれる会社はなかなかありません。そうこうしているうちに一年近くも私のところへ通ったでしょうか。ある日、えらく明るい顔をしてやって来て「先生、就職先が見つかりました。しかも三か所から同時に採用通知をいただきました。それで家内と相談をして、あまり初めから給料のいいところへ行ったら大変だから、一番給料の安い会社を選んで、そこに行くことにしました」というのです。

私も喜んで、三か所もの会社から採用通知を得た理由を聞くと、彼自身が一年間の浪人生活で変わった、というのです。

面接で落とされているうちに、仕事ができることを鼻にかけていた自分に気づき、謙虚に構えることが大切だということが分かってきた。だから対応するにしても今までとはまったく違いました。すると採用試験の時に「この人物は謙虚にしてなかなか立派だ」となったのです。会社の幹部というものは、そういうところを見ているわけです。

一年間の浪人生活は、彼にとって決して無駄ではなく、大いに役立ったと思いました。彼自身を変えてしまったのですからね。

「下位《かい》に在《あ》りて上《うえ》を援《ひ》かず」

そして、下におるときには早く出世をしたいとか、認められたい、地位を上げたいとか思って、上の者にいろいろと気を遣いあれこれおべんちゃらなどをいって気を引くようなことをしない。

「己《おのれ》を正《ただ》しくして人《ひと》に求《もと》めざれば、則《すなわ》ち怨《うら》み無《な》し」

自分自身を正しくして、人に求めなければ、怨みに思うこともない。

正しい道に従えば、自然と天命は下りてくる

「上天《かみてん》を怨《うら》みず、下人《しもひと》を尤《とが》めず」

認められないということは、他人のせいではない、自分自身が十分でないのだから、自分を正していくことが先であるということです。

「故《ゆえ》に易《やす》きに居《お》りて以《もっ》て命《めい》を俟《ま》ち」

「易きに居る」ということは、人間はちゃんと踏み行うべきルールというものがある。天には天のルールがあり、地には地のルールがあり、人には人のルールがある。そのルールに沿っていくことが、実は一番安全だといっています。

道路を歩くにしても、車道と歩道があり、人の道すなわち歩道を歩いていれば間違いはないものの、あわてて車道を横切ると命を落とす場合もある。道理にかなった人間の道を歩んでいくのが一番「易きに居る」ことになるのです。

「命を俟ち」とは「天命」を待つこと、すなわち自分は正しい道をまっしぐらに進んで、後は天に任せる「人事を尽くして天命を待つ」という言葉と同じです。

立派な人物というものは、いかなる場合でも自分のやるべきことを、正しい道に従ってまっしぐらに行う。すると自然に天命が下ってくるといっているのです。

「小人《しょうじん》は険《けん》を行《おこな》いて以《もっ》て幸《さいわい》を徼《もと》む」

ところが、普通の人（この中には、つまらない人も加えていいと思いますが）は、易き道を通らずに危険な道を通って「幸を徼む」。ここで言う「幸」は「儌倖《ぎょうこう》」というもので、「思いがけないしあわせ」のことを指しています。つまり、人の道を通らずに危ない道を通って幸を求めると、一時はうまくいっているように思えても、思いがけない落とし穴があるものだといっているのです。

最近はいろいろな問題が続出して、子供や若い者だけが悪いことをしていると思ったらそうではありません。世の中の注目を受けているような優れた人物が問題を起こし、一瞬にしてその地位や富を失ってしまうということが往々にしてあります。易きに居ないで危ない道、すなわち人の道に沿わない、適《かな》わないことをやっている。それはいつか露見する、ということです。

『中庸』の冒頭に「微《すこ》しきより顕《あき》らかなるは莫《な》し」という言葉がありました。ほんのわずかだと思って悪いことを行い、それが露見せずにうまいことやったものの、だんだんそれが度重なると、いつか表面化し、一瞬にしてすべてを失うという場合があるのです。

易きによって進むことは一見、遅いように見えますが、最終的には安全にして天を楽しむ安楽な生活をおくることができる、ということです。

射《しゃ》は君子《くんし》に似《に》たる有《あ》り

子曰《しのたま》わく、射《しゃ》は君子《くんし》に似《に》たる有《あ》り。諸《これ》を正鵠《せいこく》に失《うしな》いて反《かえ》って諸《これ》を

其《そ》の身《み》に求《もと》む。

他人を責める前に、自己を反省する

古代中国では、射＝弓術を君子の武芸ばかりでなく教養のためにも重視しました。そして、「射というものは、君子＝立派な人物によく似ている」といっています。なぜかというと、小人は的を外した時に、この弓はよくないとか、この矢はよくないと、外した要因を外に求めるものですが、君子は当たらなかったのは自分の技が未熟だったとして、人を尤《とが》める前に自分が至ってないことを反省する、というのです。これ以前に出てきた「天《てん》を怨《うら》みず」「人《ひと》を尤《とが》めず」も同じことをいっていますが、これが立派な人物の在り方だというのです。

そして、『中庸』の非常に大切な部分は、これからのところです。

【中庸第二十章】……誠《まこと》の道をゆく

五つの達道、三つの達徳

天下《てんか》の達道五《たつどうご》。之《これ》を行《おこな》う所以《ゆえん》の者三《ものさん》。曰《い》わく、君臣《くんしん》なり。父子《ふし》なり。夫婦《ふうふ》なり。昆弟《こんてい》なり。朋友《ほうゆう》の交《まじ》わりなり。五《ご》の者《もの》は天下《てんか》の達道《たつどう》なり。知仁勇《ちじんゆう》の三《さん》の者《もの》は天下《てんか》の達徳《たっとく》なり。之《これ》を行《おこな》う所以《ゆえん》の者《もの》は一《いつ》なり。或《ある》いは生《うま》れながらにして之《これ》を知《し》り、或《ある》いは学《まな》んで之《これ》を知《し》り、或《ある》いは困《くるし》んで之《これ》を知《し》る。其《そ》の之《これ》を知《し》るに及《およ》んでは一《いつ》なり。或《ある》いは安《やす》んじて之《これ》を行《おこな》い、或《ある》いは利《り》して之《これ》を行《おこな》い、或《ある》いは勉強《べんきょう》して之《これ》を行《おこな》う。其《そ》の功《こう》を成《な》すに及《およ》んでは一《いつ》なり。

人として大切な五つの交わり

「**天下《てんか》の達道《たつどう》五《ご》。之《これ》を行《おこな》う所以《ゆえん》の者《もの》三《さん》**」

この章は冒頭で、「天下の達道」、すなわち人間が社会で生きていくうえにおいて、どこでも通じる大事な道（ルール）が五つあり、さらに、これを行うもととなるものが三つある、といっています。

「**曰《い》わく、君臣《くんしん》なり。父子《ふし》なり。夫婦《ふうふ》なり。昆弟《こんてい》なり。朋友《ほうゆう》の交《まじ》わりなり。五《ご》の者《もの》は天下《てんか》の達道《たつどう》なり**」

その五つというのは、君臣、父子、夫婦、昆（兄）弟、朋友の交わりである。この五つを「五倫」といいます。「倫」という字は人間関係という意味です。したがって、倫理学というのは人間関係を研究する学問ですね。

ところで、『中庸』では君臣が一番先に出てきますが、子思の孫弟子にあたる孟子の時代になると、父子が先に出て、以下、君臣、夫婦……と続きます。戦争と混乱の時代が多少治まり、社会の秩序が整ってきたことを感じさせてくれます。

この「君臣」というのは、現代でいえば上下関係と思えばいいでしょう。現代は、人間は平等だといいますが、前にもいったように会社に勤めたら必ず上役と下役とが存在するわけで、上下関係は厳然としてあるのです。

日本では戦後、君臣ということをあまり快く思わん人が多くいましたが、君臣の臣というのは役人という意味です。そして何の役にも就いていない者を民といい、両方合わせて「臣民」と呼ぶわけです。

民主主義の日本においては「臣」は「いない」と主張する人も多いのですが、現実には存在します。内閣総理大臣、外務大臣という臣が現にいるでしょう。

では、「君」は誰かといえば、天皇陛下です。それは総理大臣の辞令が天皇陛下から出され、衆・参議院の議長と最高裁の長官は天皇陛下から親任されて、その職に就いているからです。各大臣は、天皇陛下に認証されて初めて大臣の権威が出てくるといえるでしょう。

次の「父子なり」。これは、昔は父親が一家を代表しておりましたから父子という表現になりますが、現代でいえば親子です。そして、夫婦、兄弟、朋友の五つの交わりをきちんと行うことこそが、一家や、会社を治め、社会生活がうまくいく根本であり、それは時代と場所を超えて、どこに行っても通用するルールである、ということです。

身に付けるべき三徳「知・仁・勇」

「知仁勇《ちじんゆう》の三《さん》の者《もの》は天下《てんか》の達徳《たっとく》なり」

「知・仁・勇」の三つは、すべての人が身に付けるべき徳だといっています。

ここでいう「知」は、知識の知も含むのですが、知の下に日をつけた智慧《ちえ》の「智」です。知恵は本来、「智慧」と書きます。「智・仁・勇」の三つが、五つの道を達成していくうえで、重要な働きを成すものであるということです。

日本では古くから「智・仁・勇」の三徳を具《そな》えた人が、非常に優れた人物として尊敬されてきました。その象徴が天皇です。この点は、覇権争いの末に王権を握る歴史を繰り返してきた中国を初めとした諸外国と日本が異なるところです。

『古事記』をひもとくと、そのことが分かります。日本は神代の時代から、この「智・仁・勇」の三徳を具えた人が、国権のトップに立ってきました。

『古事記』に、高天の原《たかまのはら》（天上世界）のアマテラスオオミカミ（天照大御神）が孫のニニギノミコト（瓊瓊杵尊）に「葦原中国《あしはらのなかつくに》（人間世界）に降《くだ》り、そこを治めるように」と命じる場面があります。その時アマテラスオオミカミは、ニニギノミコトに「八咫鏡《やたのかがみ》」「八尺瓊勾玉《やさかにのまがたま》」「天叢雲剣《あまのむらくものつるぎ》（草薙剣《くさなぎのつるぎ》）」を与えています。

この鏡と勾玉と剣は、それぞれ「智」「仁」「勇」の象徴ということができると思います。すなわち、鏡はアマテラスオオミカミの魂を映し出すものとして贈り、天から与えられた純粋な智慧を常に働かすことが大切だということを表しています。勾玉は、それを身に着けていたアマテラスオオミカミの、艶のある不純のない丸い玉のような人柄をもって国民に対するようにということ。そして、物事をなす時に最も大切な勇気の象徴としての剣です。この三つが「三種の神器」として、天皇の徳の象徴であり、天皇が天皇であることの存在証明になっているのです。

しかし、こうした「智・仁・勇」の三徳は、何も君主だけが持たなければならない条件ではありません。すべての人が具えるべき重要な徳なのです。

達道、達徳を貫く根本精神は「誠」

「之《これ》を行《おこな》う所以《ゆえん》の者《もの》は一《いつ》なり」

こうした達道、達徳を実践していくうえにおいて、最も根本になるものは、ただ一つ。それは何かというと、ここには書いてありませんが、前述した通り、『中庸』を貫く根本精神である「誠」ということであります。

孔子は、この「一」のことを「仁」であるとしました。その孔子の後を継いだ曽子は、これを「忠恕《ちゅうじょ》」だと解しました。そして三代目となる子思は、「誠」と受け取ったのです。後段になりますが、子思は「誠は天の道なり」とはっきりいっています。

「或《ある》いは生《うま》れながらにして之《これ》を知《し》り、或《ある》いは学《まな》んで之《これ》を知《し》り、或《ある》いは困《くるし》んで之《これ》を知《し》る」

それでは、どうしてこれを知って行うことができるでしょうか？

最初の「生《うま》れながらにして之《これ》を知り」というのは、何もせずとも自然にこれらをちゃんとわきまえている、ということです。

しかし、そんな人間はほとんどいません。実際、孔子にして「五十にして天命を知る」といい、自らは「生まれながらにして之を知るものにあらず」と、否定しているのです。

とはいっても、孔子自身は「五十にして天命を知」ったのですから、そこには、有限な「1」と無限に通じる「0」を対比させるような、大きな変化があったと思います。

また、「或《ある》いは学《まな》んで之《これ》を知《し》る」。人から聞き、書からも学ぶ人がいる。おそらく孔子は、当時の万巻の書を読み、誰からでも話を聞いて、自分を立派にしようと努められた人であったでしょう。学び尽くして極点に達したのだと思います。

「或《ある》いは困《くるし》んで之《これ》を知《し》る」。ここでいう「困んで」とは、物事にぶつかり、もがき苦しんで、ということ。書物などではなく、体験によって知っていく方法もあるのです。

　ここのところは『論語』の中にも同じことが出てきます。すなわち「生《う》まれながらにして之《これ》を知《し》り、学《まな》んで之《これ》を知《し》り、困《くるし》んで之《これ》を知《し》る」と。
　しかしこれは、可能性のある人のことをいっている。『論語』ではその後に、「困《くるし》んで学《まな》ばざる者《もの》は」、すなわち、苦しんでもそれを分かろうとして努力をしない者は、「人間の下の下」であるとも書いてあります。

「其《そ》の之《これ》を知《し》るに及《およ》んでは一《いつ》なり」

　しかし、いずれの方法であろうが、知ってしまえば、それは皆同じである、といっています。

日々の努力が不可欠

「或《あ》るいは安《やす》んじて之《これ》を行《おこな》い、或《あ》るいは利《り》して之《これ》を行《おこな》い、或《あ》るいは勉強《べんきょう》して之《これ》を行《おこな》う」

　前項のことを実行する側面からいえば、「安んじて之を行い」。安んじて、ということは、やることが当然である、あるいは、何の疑いもなく満足して、それを行うこと。「利して之を行う」とは、学んで知ることによって利益が得られるのではないかと予想して行うこと。

あるいは「勉強して之を行う」。力がまだ足らず、勉《つと》め励んで行う。これはどちらかといえば、苦し紛れで、やらざるを得なくなってやっている姿ですね。そんな者もいる。

「其《そ》の功《こう》を成《な》すに及《およ》んでは一《いつ》なり」

しかし、やり方はさまざまでも、成果を得てしまうと、その結果は同じである。

これは事業にも通じることです。失敗をして、苦労に苦労を重ねて、もがき苦しんでいる時に、ひょいとヒントを得ることがある。それで成功してみれば、初めから成功することが分かっていた人と変わることはない、ということです。だから日々の努力を惜しんではいけない、ということでもあるのでしょう。

実践教育で養った近江商人

日本の大学に戦後できた学部に、経営学部というのがあります。この学部を最初に発足させたのは神戸大学です。神戸大学は、古くは神戸高商といって、商科専門の学校でした。ところが、戦後新設された経営学を学んだからといって、その通りやれば成功するとは限りません。その後、今度は学部の先生が事業をやったものの見事に失敗して、志願者が大幅に減ったこともあったようです。

いずれにしても、知識だけでは経営はできないということです。商売を成功させるには、コツをつかむことが必要なんですね。このことは、部下となる普通の勤め人にとっても必要なことです。

ところが、このコツというのが、形で表せないぐらい微妙なものです。そこで、かつての近江商人たちは、小さいころから自分で注文を取りにやらせ、商売のコツを覚えさせたそうです。いわば実践教育ですね。

したがって、キャリアというものも非常に大切になってくる。三年間一所懸命やった人と、十年間一所懸命やった人とでは、「ここが違う」という具体的説明はできませんが、やはり違うのです。これは仕事をやらせてみるとすぐにわかることです。

誠《まこと》にするは、人《ひと》の道《みち》なり

誠《まこと》は天《てん》の道《みち》なり。之《これ》を誠《まこと》にするは、人《ひと》の道《みち》なり。誠《まこと》は勉《つと》めずして中《あた》り、思《おも》わずして得《え》、従容《しょうよう》として道《みち》に中《あた》るは聖人《せいじん》なり。之《これ》を誠《まこと》にするは、善《ぜん》を擇《えら》びて固《かた》く之《これ》を執《と》る者《もの》なり。

天の道を我が道とするために努力する

「誠《まこと》は天《てん》の道《みち》なり。之《これ》を誠《まこと》にするは、人《ひと》の道《みち》なり」

誠というものは天の道である。その天の道を素直に受けて誠にしていくのが、人の道である。

「誠」とは自分にとっても他人にとっても嘘偽《うそいつわ》りのない心のこと。いわば真心です。そして「誠《まこと》は天《てん》の道《みち》なり」。すなわち嘘偽りのない心こそ天の道＝ルールだといっています。その天の道に沿って自らを誠実にしていくこと、誠を守ることが人の道である、と。

天の道と人の道は、相通じています。離れては存在していません。人の道は、決して私利私欲や、自分にとって都合がいいからといってつくった道ではないのです。したがって、天の道、すなわち「誠」を守って努力して我が道としようとするのが人の道なのです。

我々が修養を重ねるということは、天の道を吾が道とするように努力をすることを意味しています。

「誠《まこと》は勉《つと》めずして中《あた》り、思《おも》わずして得《え》」

「誠」は天の道ですから、真に誠の人は、特に勉強（努力）しなくても、すべて道にあたり、思索しなくても正道を得ることができる。

「従容《しょうよう》として道《みち》に中《あた》るは聖人《せいじん》なり」

「従容」とは、ゆったり構えて行動することです。ゆったりと余裕を持ちながら道にあたるのが聖人というものだ、といっています。

『論語』の中で孔子は「七十にして心の欲するところに従えども矩《のり》を踰《こ》えず」といっています。孔子は、十有五にして立派な人物になることを志し、そして営々と苦心をして、その間にいろいろな過ちも犯しながら、七十歳になってようやく自分のやりたいことをやっても、それが道理に背かないものになった、といっているのです。これが「従容として道に中る」ということです。

そう努力をしなくても「従容として道に中る」。これは若い時から努力を続けてきた結果であって、忽然《こつぜん》として出てきたものではありません。

「之《これ》を誠《まこと》にするは、善《ぜん》を擇《えら》びて固《かた》く之《これ》を執《と》る者《もの》なり」

我が身を誠にしようとする者は、天の道にかなった善い人の道を選んで、それを固《かた》く守って失わないようにするものである。これがすなわち賢人の境地です。

「聖人」と「賢人」

皆さんは「聖賢」という言葉を耳にしたことがあると思います。聖人というのは今いった「従容として道に中る」ような人のこと。それに対して賢人は、そういう聖人となるべく努力をしている最中の人のことを指します。

努力中ですから、うっかりするとまた元の木阿弥になる可能性があります。たとえそうなっても、不退転で再び努力をすることで聖人に近づくことができるのです。

仏教に人間の心の有り様《よう》を十段階に分類した「十界《じっかい》」というものがあります。地獄界、餓鬼界、畜生界、修羅界、人間界、天上界、声聞《しょうもん》界、縁覚《えんがく》界、菩薩界、仏界の十種ですが、この仏界に到達した人が聖人です。

また、特に地獄界、餓鬼界、畜生界、修羅界、人間界、天上界を「六道」といって、普通の人は、この六道をぐるぐる回っていて（これを輪廻《りんね》といいますが）、なかなかそこから脱出できない。うっかりすると、すぐに元へ戻って、苦しみ悩むことになる。

そうなっては非常にかわいそうなので、これをなんとかして助けてやりたいと一所懸命に努力をしているのが地蔵さんです。よく六地蔵がまつられていますが、地獄の世界にいる者、餓鬼の世界にいる者、畜生、修羅、人間、天上の世界にいて悩んでいる者を、それぞれ救い上げてやるという意味で、六体のお地蔵さんが祀られているのです。

人間がこの六道の世界から抜け出ると、そこは声聞界です。ここへ来ると本当に心から仏の声を聞きたいという気が起こってくる。孔子でいえば、十五歳にして聖賢になりたいという志を立てた段階です。仏教の世界では、仏になりたいという志を持ち、教えを受けようという気持ちが心から沸き起こってきた時のことを声聞といいます。


すると、どのようにしたら仏になることができるのか、すなわち悟ることができるのかという道をいろいろと研究して、その道筋が分かるようになる。これを縁覚といいます。

例えば、富士山に登ろうとして、どの道を通っていったら頂上に登れるか、いろいろ研究して、このルートだと発見する。これが縁覚界ですが、発見しただけでは富士山には登れません。そこから今度は登る努力をする実行へと移っていきます。こうした人を菩薩と呼びます。サンスクリット語でボーディ・サットヴァーといいますが、サットヴァーとは人間のことですから、菩薩はまだ人間なんですね。

そして最後は、本当の仏になる。この仏教でいうところの仏になった人が聖人なのです。

賢人とは前述した通り、聖人となるべく努力している人です。これに対して聖人は、普通の人のようにしなくても、何をやってもビシッビシッと的中させるような人。偉大な実業家の中には時々、これに近い人がいます。のほほんとしていながらもビシッと、ちゃんと商売ができている人です。

私は昭和三十二年に「関西師友協会」という団体をつくりました。ところが私は、住友生命の社長をされていた新井正明氏から、日本経済新聞の「わが友を語る」というコーナーで「世にも珍しき経済的無能力者」と評されたほど、経営には向いていない男であります。しかし、どうしたことか、そんな私が「関西師友協会」の初代の理事で、事務局長になってしまったのです。

そこで私は、会を維持していくためにも、関西の有力企業を選んで、そこのトップに面会をお願いして会員獲得に回りました。その時にさまざまな経営者の方々にお会いしました。商都・大阪の経営者の方々ですから、いずれも一癖も二癖もある人たちです。しかも、戦後の焼け野原のなかから企業を興した人たちですから実にたくましい。

なかには、会費を値切る方もいれば、主旨に賛成されて余分に払ってくださる方もいらっしゃいました。さらにヌボーっとしていて、「この人どこで商売しとるんやろうなぁ」と思うような人もいました。こういう人が、曲者《くせもの》といっては語弊がありますが、なかなか礼をわきまえた人で、どこから金儲けの知恵がわき出るのかな？　と思える人です。

また、何回かお会いしているうちに、こちらが引き込まれ、「どうかこれからは、先生と呼ばせていただきたい」とお願いした方も何人かおりました。

このように、人としての道をたどりながら、天に到達するべく努力をしている人、聖人に近づこうとしている人を賢人というのです。

博《ひろ》く学《まな》び、篤《あつ》く実行する

博《ひろ》く之《これ》を学《まな》び、審《つまびら》かに之《これ》を問《と》い、慎《つつし》んで之《これ》を思《おも》い、明《あき》らかに之《これ》を弁《べん》じ、篤《あつ》く之《これ》を行《おこな》う。学《まな》ばざる有《あ》り、之《これ》を学《まな》んで能《よ》くせざれば措《お》かざるなり。問《と》わざる有《あ》り、之《これ》を問《と》うて知《し》らざれば措《お》かざるなり。思《おも》わざる有《あ》り、之《これ》を思《おも》うて得《え》ざれば、措《お》かざるなり。弁《べん》ぜざる有《あ》り、之《これ》を弁《べん》じて明《あき》らかならざれば措《お》かざるなり。行《おこな》わざる有《あ》り、之《これ》を行《おこの》うて篤《あつ》からざれば措《お》かざるなり。

始めたら止めず、徹底的に突き詰めることが肝心

「博《ひろ》く之《これ》を学《まな》び、審《つまびら》かに之《これ》を問《と》い、慎《つつし》んで之《これ》を思《おも》い、明《あき》らかに之《これ》を弁《べん》じ、篤《あつ》く之《これ》を行《おこな》う」

ここでは物事に到達しようと思う時、大切にしなければならないことを列挙して

います。
広く学び（＝博学）、「審《つまび》らか」とは「詳しく」という意味ですから、不審な点は詳しく問い（＝審問）、さらに慎んでこれを思い・考え、明らかに是非を分別（辨は「分ける」という意味）し（＝明弁）、その正道を実行する（＝篤行）、ということです。

「学《まな》ばざる有《あ》り、之《これ》を学《まな》んで能《よ》くせざれば措《お》かざるなり」

なかには学ばないこともあるが、いったん学ぼうと決心したならば、それがよく分からなければ途中で止めることはない。最後まで全力を尽くすことが肝心だ。

「問《と》わざる有《あ》り、之《これ》を問《と》うて知《し》らざれば措《お》かざるなり」

何もかも問うというわけではないけれども、いったん問うたら、十分に知り尽くせないうちに途中で止めたりはしない。

「思《おも》わざる有《あ》り、之《これ》を思《おも》うて得《え》ざれば、措《お》かざるなり」

思わないことはあるけれども、いったんこれを思い、十分、納得できなければ途中で止めることはない。

「辨《べん》ぜざる有《あ》り、之《これ》を辨《べん》じて明《あき》らかならざれば、措《お》かざるなり」

ものを分別するにあたって、それを明快に区別することができなければ、途中で締めて止めることはない。

「行《おこな》わざる有《あ》り、之《これ》を行《おこの》うて篤《あつ》からざれば措《お》かざるなり」

行わないこともあるが、「これをやろう」と心に決めたら、それを篤く実行して体得するまで行かなければ、これを途中で止めたりはしない。

このように、一見『中庸』というと「なかごろ」と解釈しやすいのですが、実はその中で、それぞれにおいて徹底的に突き詰めていくことが大切である、といっているのです。

諦めなければ必ず道は拓く

人一《ひとひと》たびして之《これ》を能《よ》くすれば、己之《おのれこれ》を百《ひゃく》たびし、人十《ひとと》たびして之《これ》を能《よ》くすれば、己之《おのれこれ》を千《せん》たびす。果《はた》して此《こ》の道《みち》を能《よ》くすれば、愚《ぐ》なりと雖《いえど》も必《かなら》ず明《あき》らかに、柔《じゅう》なりと雖《いえど》も必《かなら》ず強《つよ》し。

足らざる部分は百倍、千倍の努力で補う

「人一《ひとひと》たびして之《これ》を能《よ》くすれば、己之《おのれこれ》を百《ひゃく》たびし、人十《ひとと》たびして之《これ》を能《よ》くすれば、己之《おのれこれ》を千《せん》たびす」

他人が一回でできることが、自分にはなかなかできなければ、私はこれを繰り返し百回行い、百倍の努力をする。他人が十回でできることを自分ができなければ千回努力する。

「果《はた》して此《こ》の道《みち》を能《よ》くすれば、愚《ぐ》なりと雖《いえど》も必《かなら》ず明《あき》らかに、柔《じゅう》なりと雖《いえど》も必《かなら》ず強《つよ》し」

このように努力して、この道を修得すれば、たとえ愚かな者であっても必ず聡明に物事をはっきりと知ることができる。柔弱で弱々しい人であっても必ず強くなる。すなわち、自分には能力がないといって諦めるのではなく、懸命に努力すれば必ず道は開けてくる、ということをいっています。

ある障がい者の話

私の知り合いで、生まれた時のカルシウム不足が原因で成人しても背の高さが九十センチメートル、体重二十二キロという人がいます。彼は養護学校を出た後、十八歳である会社に就職しました。すごく意欲的に働き、八時半始業の二時間前には出社し、入社以来二十八年間、無遅刻・無欠勤を続けました。

現在、四十六歳になるのですが、仕事にも精通し、後輩をよくリードして他の社員さんからもたいへんな信頼を得ています。これも、自分は障がい者だと諦めるのではなく、日々努力した結果でしょう。

江戸時代の思想家・二宮尊徳は幼少時、父が病気になり、父の代理として村の普《ふ》請《しん》作業に加わったことがありました。その時、村人が大人の半分も仕事ができない自分を大事に扱ってくれた。その恩に、何とかして報いなければと、家に帰って夜なべをして草鞋《わらじ》を作り、村人に贈ったといわれています。自らの足らざる部分を、他の努力で補っているのです。

私の知り合いも、始業時刻の二時間も前に出社して、自分の足らざる部分を社員に対して補っていたのではないでしょうか。この話を聞いて私は、非常に感激をいたしました。

中江藤樹先生と大野了佐

二宮尊徳と同じ江戸時代の儒学者で、陽明学派の祖といわれる人物に中江藤樹がいます。藤樹先生は、二十七歳まで伊予（愛媛県）大洲《おおず》藩に仕え、人知れず学問に励んだ人ですが、母に孝養を尽くすために故郷の近江（滋賀県）小川村に帰り、心ある人に惜しみなく学問を教えました。そのため「近江聖人」ともいわれます。

大洲からもずいぶん藤樹先生のあとを追って、辺鄙《へんぴ》な小川村まで学びに訪れています。そうしたなかの一人に大野了佐《りょうさ》という人がいました。了佐は並はずれて記憶力が悪く、武士の子であるが跡は継げない。そこで医者になるべく志を立てて、藤樹先生のところへ入門するんです。

先生は医者ではありません。しかし、当時の大学者は医学の知識も随分ありました。特に藤樹先生は、ご自分も喘息《ぜんそく》持ちでしたから、体に対しては十分に研究されていたようです。

当時の東洋の医学は、現在の西洋医学と違って対症療法でしたから、熱が出た、腰が痛いなどというと、鍼《はり》治療などでピタッと痛みを和らげる。それが驚くほど効いたといいます。そして、こうした治療法が書かれた教科書もかなりあったようです。これを暗唱することが医者となる基本でした。

しかし了佐は、歳がそこそこ行っていたこともあり、一句を暗唱するのに午前十時から午後四時まで、二百回繰り返して、ようやく覚えたといいます。ところが、夕食をとると皆忘れてしまう。そこでまた百回繰り返して、やっと暗唱できた、とされています。まさに「人一たびして之を能くすれば、己之を『百たび』する」を実行したのです。

こうした覚えの悪い弟子に対しても、藤樹先生は諦めずに教え続けました。すると了佐も、数年後には、なんとか医術の基本をマスターすることができ、大洲に帰って非常に思いやりの深い医者として、土地の人に感謝されながら人生をまっとうできたといいます。

了佐の奮闘ぶりを藤樹先生が顧みて書き残された書があります。そこには「了佐ができたのは、あれは了佐の努力の致すところや。しかし自分もこれがために精力を尽くした」と書いてあります。

また、同じころに熊沢蕃山《くまざわばんざん》という天才が藤樹先生に入門します。この人は一度聞けば絶対忘れないという記憶力の持ち主で、藤樹先生のもとで勉学に励み、後に池田光政が治めていた岡山藩の上席家老として、天下に名を轟《とどろ》かせた人です。

一方で記憶力の悪い人がいるかと思えば、蕃山のように一度聞いたら忘れないという人もいるのですね。

天才・南方熊楠

時代は下って、明治から昭和の時代にかけて「歩く百科事典」と呼ばれた和歌山県出身の博物学者で民俗学者でもあった南方熊楠《みなかたくまぐす》も、記憶力は抜群でした。幼少のころ、隣の家に遊びに行ったところ、そこにさまざまな書物がありました。そのなかの「植物図鑑」に興味を示した熊楠は、他の子供たちが外で遊んでいるのにもかかわらず、それをジーっと見て、帰宅してから記憶をたどって別の紙に書いたところ、ほとんど原本と変わらなかった、というエピソードが残っているぐらいです。

そのため、地元の和歌山中学（現県立桐蔭高校）を出ると、当時、日本で唯一の大学といえた大学予備門（後の東京帝国大学、さらに分かれて第一高等学校となる）への入学を目指して、その予備校でもあった共立学校（現開成高校）に入学。翌年、大学予備門にも合格して、地元の期待を担っていました。ところが翌々年には、大学予備門を中退して帰ってきてしまったのです。

「何で帰ってきたんや？」と地元の人が熊楠に聞くと「大学には、わしを教える先生がおらん。もう行く必要ないから帰って来た」と答えたそうです。そして、しばらくすると、今度はアメリカに渡ったと思ったら、「アメリカにもわしを教えるような先生がおらん」といって、また帰ってきてしまう。

こうしたことの繰り返しですから、社会的にはうだつが上がりませんでしたが、英国の大英博物館にも入り浸り、当時、東洋人を蔑《さげす》んでいた英国人がビックリするような成果をあげています。

そうしたなか、和歌山県沖を軍艦でお通りになった昭和天皇が熊楠に「是非会いたい」と熱望されたことがありました。しかし、天皇陛下にご上陸願ってはいろいろ土地の人たちが気を遣わなければならないということで、熊楠は軍艦に陛下を訪ねるのです。

一部で変人とも目《もく》された人ですが、熊楠には、こうした周囲を配慮する側面もありました。そして晩年、あまりにも過去の事を忘れられないので、どうしたら忘れることができるかを研究し、ある程度分かった、といっています。こういう人も世の中にはいるのです。

その一方で、おそらく孔子でもさじを投げたであろう了佐のような人もいるわけです。この了佐を藤樹先生は、一人前の医者に育てあげました。

『中庸』の実践者、聖人・藤樹先生

藤樹先生は四十一歳という、孔子が「天命を覚る」歳に達する前に亡くなっていますが、日本で学者にして聖人といわれるのは藤樹先生だけです。

その藤樹先生が中核にした思想が『中庸』です。しかも、これを単に知るだけではなく、実践しました。藤樹先生が書いた『中庸』の解釈書がありますが、さすがに実践を通して体得したものだけに、その表現するところがまことに他の学者とは違って、いわゆる「学知」ではなく「覚知」の境地に達しています。

それを実践に移した証左が大野了佐を一人前の医者にしたという結果に表れていると思います。

さて、第二十章は大切な章なので、最後にもう一度、本章の内容を通読してみましょう。

誠は天の道である。その天の道を素直に受けて誠にしていくのが人の道である。

真に誠の人は、特に勉強しなくても、すべて道にあたり、思索しなくても正道を会得し、そのようにゆったりと余裕を持ちながら道にあたるのは聖人である。我が身が誠になろうと思う人は、天の道にかなった人の道を択《えら》んで、それを専一に固く守って失わないようにするものである。即ち賢人の境地である。

博《ひろ》く学び、不審の点は詳しく問い、さらに慎んでこれを思い考え、明らかに是非を弁別し、その正道を実行する。学ばないことはあるが、いったん学ぶ以上は、これを十分知ることがなければ、途中で諦めてやめることはない。問わないことはあるが、いったんこれを問う以上は、十分これを知らなければ、途中であきらめてやめることはない。思わないことはあるが、いったんこれを思い十分納得しなければ、途中で諦めてやめることはない。是非を弁別しないことはあるが、いったん弁別しようと思う以上は、これを明らかに弁別することができなければ、途中で諦めてやめることはない。行わないことはあるが、いったん行う以上は篤く実行して成し遂げることができなければ、途中でやめることはない。

他人が一度《ひとたび》してよくすれば、自分は百度し、他人が十度してよくすれば、自分は千度する。果たしてこのように努力してこの道を修得すれば、たとえ愚かな者でも正しい道を択んで、明らかになり、柔弱な者でも必ず強固になるものである。

これを実行した人が、中江藤樹先生と大野了佐でした。

第三講

至誠をもって生きる

自ら「天」を覚知した松下幸之助

万物の根源は「天」

『中庸』で一番元になるものは「天」であると申しました。「天」とは、非常に抽象的な概念で、これを説明するのは容易ではありません。学者がくわしい説明を試みた書物もたくさんありますが、最後にはよく分からなくなってしまうことも少なくないのです。

そこで少しでも理解を助けるために、生きるなかで「天」に到達した先人の話を紹介します。それは松下幸之助さんです。

松下さんがつくられた施設で、「松下美術苑・真々庵《しんしんあん》」という、今では迎賓館として使われている別荘があります。ここの庭には「根源さん」と呼ばれる小さな社《やしろ》があります。「根源さん」は松下さんが森羅万象、万物の根源に感謝と祈念の思いを込めてつくったお宮です。

この社を建てた由来を松下さんは『松下幸之助散策・哲学の庭』(江口克彦著・

ＰＨＰ研究所）のなかで、概略こう語っています。

「根源さん」の由来

「一応はお伊勢さんの内宮の形をしておるけどな、あれはわしが勝手につくった。あのなかにはなんにも入っていない。わしの考えが入っておるだけや。根源という考えが入っておる。どうして根源という考えをわしが持ったかというと、わしのような（小学校も出ていない）一般的には、なんも恵まれておらなかった者が、一応の成果をあげ得たということ。実力のない自分が実に不思議やなあとわしが思ったんや。

ほんとうのところの理由はわしにもようわからんのや。しかし、こうなったと。わしの実力があったからではないと。運というか、たまたまこういうふうになったのやないかと。ありがたい、とそう思うんや。

それである時考えた。これは自分をこういうふうに存在させてくれるものに感謝せんといかんと。誰がわしを存在させたんか。考えたら、それは両親やと。これはわしの両親に感謝せんといかんとそう思った。

そして、わしの両親はどうして存在したやろかとすぐに思った。それはその両親からやと。それではその両親はということで、どんどん考えていったら、ついには人間の始祖になった。すると、両親やそのまた両親に感謝せんといかんということはもちろんのことやけど、はじめての人間、始祖やな、始祖に感謝せんといかんと、そう思ったんや。

ところが、ふと、それではじめての人間はどこから生まれてきたのか、と思ったんや。いろいろ考えたけど、今度は簡単に答えが出てこん。ずいぶんとあれやこれやと思い巡らした結果、人間は宇宙の根源から、その根源の持つ力によって生み出されたんやと、突然閃《ひらめ》いた。

それは人間だけではない。宇宙万物いっさいがこの根源か。その力によって生み出されてきたんやと考えた。実際にそうかどうかは、わしはそのころ生きておったわけやないから分からない。しかしそう考えるほうが便利がいい。

その根源の力にはひとつの決まりがある。それは自然の理法というもんやな。そしてその力には宇宙万物すべてを生成発展せしめる力があると。そう考えてくると、今日わしはここに存在しておる、その根源をたどれば、はじめての人間を通り越して、宇宙の根源にまで至るわけやな。そうすると、ここに存在できていることへの感謝の思いは、実にこの宇宙の根源に対してでなければならんということになったんや。それでわしは、あのお社をつくった」

ここで注目すべきは「閃いた」ということです。閃くということは、時には学者の難しい理屈を超えて、真理を誰にでも分かるように提示してくれます。真理というものは、実際は簡単なものであって、誰でもがよく分かる。

そこを抽象的あるいは理論的にこれを考えると非常に解しにくいけれども、これを閃きとして体で受け取ると、無の中にも無限の内容があることを知ることができるのです。

先にあげた孔子の「五十にして天命を知る」も「閃き」というものだったのでしょう。

【中庸第二十二章】……自身を知れば道は拓ける

能《よ》くその性《せい》を盡《つ》くせ

唯天下《ただてんか》の至誠《しせい》のみ、能《よ》く其《そ》の性《せい》を盡《つ》くすことを為《な》す。能《よ》く其《そ》の性《せい》を盡《つ》くせば則《すなわ》ち能《よ》く人《ひと》の性《せい》を盡《つ》くす。能《よ》く人《ひと》の性《せい》を盡《つ》くせば、則《すなわ》ち能《よ》く物《もの》の性《せい》を盡《つ》くす。能《よ》く物《もの》の性《せい》を盡《つ》くせば、則《すなわ》ち以《もっ》て天地《てんち》の化育《かいく》を贊《さん》す可《べ》し。以《もっ》て天地《てんち》の化育《かいく》を贊《さん》す可《べ》ければ、則《すなわ》ち以《もっ》て天地《てんち》と參《さん》す可《べ》し。

人の個性はそれぞれ異なる

「唯天下《ただてんか》の至誠《しせい》のみ、能《よ》く其《そ》の性《せい》を盡《つ》くすことを為《な》す」

「天下の至誠」とは、聖人のことをいっています。天下のなかで最も至誠のある人、その人のみが「能く其の性を盡くす」。「性を盡くす」とは、自分がどのような人間であるかを知っているということです。

人間というものは、それぞれ天から個性を与えられていますが、個性は万能の神ではない。人それぞれに得意とする個性は異なっています。聖人は、自分はどのような個性を持っているか。自分の持っている個性は、自身だけが持っているもので、他人の個性が欲しいと思っても、そうはいかないということを知っています。言い換えれば、自己自身をもっともよく知っている人であるということです。

「能《よ》く其《そ》の性《せい》を盡《つ》くせば則《すなわ》ち能《よ》く人《ひと》の性《せい》を盡《つ》くす。能《よ》く人《ひと》の性《せい》を盡《つ》くせば、則《すなわ》ち能《よ》く物《もの》の性《せい》を盡《つ》くす」

自身の性をよく知れば、他人の性もよく分かり、それを発揮させようとするものである。すると、人間以外の物（万物）がそれぞれ持っている性も分かるようになるといっています。

「能《よ》く物《もの》の性《せい》を盡《つ》くせば、則《すなわ》ち以《もっ》て天地《てんち》の化育《かいく》を賛《さん》す可《べ》し」

例えば、桜の木、梅の木、それぞれが桜と梅の性を持って生きています。桜の木から梅の木は生えてきません。梅の木から桜の花が開くこともありません。しかも自然に実をつけ子孫を残していきます。不思議といえば不思議なことですが、人間には人間として成長するためのルールがあるように、木には木として成長していくうえでのルールがあるのです。

この木はこういうふうに育てていけば立派になるとか、この花はこうすればより綺麗な花を咲かせることができるというように、人間は木や花の性質をよく知り、それに合うようにいろいろ手を加えて多くの木や花を育ててきました。

お百姓さんは、それをよくわきまえており、これはこういう性質を持っているからこういう育て方をしなければいけない、ということをよく知っているから立派な作物をつくることができるのです。

「物の性を盡くす」ということは、このように、それぞれの物の性を知って、それを十分に発揮させるということをいいます。

その結果、「天地の化育を賛すべし」。天地というものは万物を化育する。その働きを人間が助けることになるのです。

天地の化育を知り、天地の働きに参す

「以《もっ》て天地《てんち》の化育《かいく》を賛《さん》す可《べ》ければ、則《すなわ》ち以《もっ》て天地《てんち》と参《さん》す可《べ》し」

こうして天地の化育をよく知り、それを助けることによって「天地と参す可し」。すなわち人間が天地の働きに参加するようになるといっています。

我々の人生の大目標は、この天地の働きに参することであると、私は考えています。したがって、人間というものは歳をとったから引退するのではなく、この天地の働きを助ける、あるいは天地人と働きを一にするように努力することが、この世に生まれてきた本当の意味だと思いますね。

私などももうだいぶ歳をとり、同輩を見ると隠居をしている人が多いのですが、こうして人前にでてきて話をすることも、天地の働きにすこしでも加わりたいという気持ちから行っているのです。

【中庸第二十四章】……兆しを捉える

至誠《しせい》の道《みち》は、以《もっ》て前知《ぜんち》す可《べ》し

至誠《しせい》の道《みち》は、以《もっ》て前知《ぜんち》す可《べ》し。国家《こっか》将《まさ》に興《おこ》らんとすれば、必《かなら》ず禎祥《ていしょう》有《あ》り。国家《こっか》将《まさ》に亡《ほろ》びんとすれば、必《かなら》ず妖孽《ようげつ》有《あ》り。蓍亀《しき》に見《あら》われ、四體《したい》に動《うご》く、禍福《かふく》将《まさ》に至《いた》らんとすれば、善《ぜん》も必《かなら》ず先《ま》ず之《これ》を知《し》り、不善《ふぜん》も必《かなら》ず先《ま》ず之《これ》を知《し》る。故《ゆえ》に至誠《しせい》は神《かみ》の如《ごと》し。

無心の占いはよく当たる

「至誠」というのは天の働きであり、至誠を体している人と、そうでない人は、あらゆる面で大きな差が出てきます。

「至誠《しせい》の道《みち》は以《もっ》て前知《ぜんち》す可《べ》し」

こうした至誠の道、すなわち聖人の道は前もって知ることができるといっています。

「国家将《こっかまさ》に興《おこ》らんとすれば、必《かなら》ず禎祥《ていしょう》有《あ》り。国家将《こっかまさ》に亡《ほろ》びんとすれば、必《かなら》ず妖孽《ようげつ》有《あ》り」

「禎祥」とは、「めでたい兆し」ということです。国がこれから大いに興ろうとする時には、そこに必ず禎祥があり、国家が亡びていこうという時には、前もって「妖孽有り」。孽というのは切り株などに生える小さなひこばえのこと。したがって「妖孽」とは、「妖しい兆し」と解釈したらいいと思います。

そういう兆しが少しでも現れた時に、至誠を持っている人＝聖人は、これは興るのか亡びるのかが分かってしまう、というのです。

「蓍亀《しき》に見《あら》われ、四體《したい》に動《うご》く」

その兆しは「蓍亀《しき》に見《あら》われ、四體《したい》に動《うご》く」。「蓍」というのは易者さんが使う「筮《ぜい》竹《ちく》」のこと。筮竹は、めどぎという真っ直ぐな草でつくることが多いので蓍と呼んでいるのです。「亀」は、これも占いに使われた「亀甲」のことです。

私も易を多少かじりましたから、占いをします。筮竹をパッと開いても何本に分かれるかは予測できません。また、開き方もその都度、違います。同じ様相になることはほとんどありません。しかし、不思議なことに、心が「空」になった状態、つまり無心で行った占いは、よく当たるのです。

皆さんも一度、自由に手を叩いてみてください。三つ叩く人もいれば四つ叩く人もいる。二つで止める人もいるでしょう。これ皆、その人の心の表れなんです。何で二つで止めた、何で四つも打ったのかが、打ち方によって分かってしまうのです。

墨で書いた「一」という文字をよく見てください。表面から見たのでは分からなくても、裏から見ると筆の通った道が分かります。サァーっと一気に書いた人と、何か考えながら書いた人では、墨の跡が違います。一本の線の中にも心の乱れが浮き出ています。そこから心の動きを知ることができ、さまざまなことが判断できます。

今、大阪では占い師が集まっている場所があります。そこに、私のところへ来ていた者で、東京商大（現一橋大学）を出て商社に勤めていたところが、私のところへ通ううちに占いに興味を持ち、易や人相を研究して独立し、非常に流行っている人がいます。これがまたよく当たるんです。なぜかというと、私のところで修行したおかげで、誠というか無心になって占いができるようになったから、と本人がいっていました。

皆さんの周囲にも、非常に霊感の鋭い人がおられるでしょう。そして、その霊感がよく当たる時は至誠、つまり神や天の心になっている時です。自分というものがない空の状態だといってもいい。だから、ちょっとした心の動きでも分かってしまうのです。

ところが、本職の占い師でも、少し売れはじめると、さっぱり当たらなくなる占い師は少なくありません。金儲けなどに欲が出てきたからでしょうな。心の中が空ではなくなっているのです。だから、テレビなどでよく当たると評判の占い師ほど、当たらなくなってきていますから、気をつけたほうがいい（笑）。

前章で「喜怒哀楽の未だ発せざる之を中と謂う」と紹介しました。この「中」の状態も心が空の状態です。それが「中」でなくなると、ちょっとした兆しにピーンと響かなくなってしまうのです。

親しいほど無心になりにくい

実際、お寺などで修行を積み、霊感の非常に鋭くなった女の人が、私の知り合いにおります。その人がある時、次男が出奔してどこへ行ったか分からない。子供は生きているんでしょうか、死んでいるんでしょうか、と私に聞いてきました。そこで私は、「あなたは他人の占いをするのだから、ご自身で分かるでしょう」といってやったのですが、「子供のことは分かりまへん」と。私が、それは生きとる。心配しなさんな、といったのですが、半信半疑で帰っていきました。

このように、心が空でないと霊感は働きません。それは、医者であっても我が子の病状は正確につかめないというのと同じことです。

慶應義塾を創った福沢諭吉という人がいます。彼は若い時に大阪で緒方洪庵《こうあん》の有名な適々斎塾（適塾）の塾頭をしており、洪庵も諭吉を非常にかわいがっていました。

その諭吉がある時、腸チフスに罹《かか》ってしまったのです。ところが緒方先生は、諭吉が腸チフスに罹ったと分かった時から一度も診察に来なくなったのです。諭吉は病気で苦しみ、「平生は私を我が子のようにかわいがってくれたのに、私が生きるか死ぬかと苦しんでいる時に顔も出さないとは、えらい冷たい人だな」と不満をもらしました。しかも、病気の診療には、名も知らぬ巷のヘボ医者を寄越したのです。

幸い、諭吉の病気は死に至らず治ったのですが、後日、このことをある人に述懐したところ、その人は「それは違うよ、諭吉さん。先生は君のことを自分の子供のようにかわいく思っている。思っているからこそ、自分が診たら誤った診断をするかも分からない。そこで他の人に診てもろうて、その報告を受けて薬などの手当ての方法をその医者に教えたのだ」といったのです。

諭吉はそれを聞いて、非常に感動しました。「先生はやはり私を自分の子と同じように思ってくれていた」といって、洪庵先生が亡くなったあと、奥さんを我が母の如く一生大切にされたといわれています。

このように、名医といえども、なかなか自分の子供や親族は正常の気持ちでは診れないものです。言い換えれば、親しければ親しいほど至誠になりにくい、無になりにくいんですね。

「至誠」の人・安岡正篤先生

昭和三十四年に伊勢湾台風が名古屋一帯を襲い、数千人が亡くなる被害を及ぼしました。伊勢神宮もほとんどの大木や枝が折れ、本殿に至るまで一時間半もかかる被害を受けました。

この大災害について安岡正篤先生は、「これは天の戒めである。日本がこのまま行けば将来、非常に危ない状況に落ち込んでいく。今のうちに大いに覚醒しなければいけない」とおっしゃり、世直し祈願の大会を伊勢で開催されました。これは、その後も現在まで毎年行われています。

このように、安岡先生は代議士でも高級官僚でもなく、国家と特別のつながりがあったわけでもありませんが、若い時から国のことを我が事のように思い続けておられたのです。だから、国家の危機といったことがビンビンと響いてきて、その響いた内容を総理大臣などに警告として発しておられたのです。

ところが、先生が亡くなられて以降、官の仕事にも何もつかないで大きな影響を及ぼすような人物は、だんだんと影をひそめていっています。至誠の道、国家なら国家を真剣に思っている場合には、ちょっとした兆しでもこれをとらえて、事前に手当てが可能なのですが、そういう人がいなくなっていますね。

これは会社でも同じで、会社と一体になって、いわゆる誠を持って常に会社のことを思っていると、ちょっとした変化でもこれを感じ取ることができ、手を施すことができるのです。

「禍福《かふく》将《まさ》に至《いた》らんとすれば、善《ぜん》も必《かなら》ず先《ま》ず之《これ》を知《し》り、不善《ふぜん》も必《かなら》ず先《ま》ず之《これ》を知《し》る。故《ゆえ》に至誠《しせい》は神《かみ》の如《ごと》し」

したがって、禍《わざわ》いや幸いが来ようとする時、善も不善も必ずこれを予知するものである。それゆえに「至誠」の人は神のようなものだ、というのです。

【中庸第二十六章】……至誠を発揮する

至誠《しせい》は息《や》む無《な》し

故《ゆえ》に至誠《しせい》は息《や》む無《な》し。息《や》まざれば則《すなわ》ち久《ひさ》しく、久《ひさ》しければ則《すなわ》ち徴《しるし》あり。徴《しるし》あれば則《すなわ》ち悠遠《ゆうえん》なり。悠遠《ゆうえん》なれば則《すなわ》ち博厚なり。博厚《はっこう》なれば則《すなわ》ち高明《こうめい》なり。博厚《はっこう》は物《もの》を載《の》する所以《ゆえん》なり。高明《こうめい》は物《もの》を覆《おお》う所以《ゆえん》なり。悠久《ゆうきゅう》は物《もの》を成《な》す所以《ゆえん》なり。博厚《はっこう》は地《ち》に配《はい》し、高明《こうめい》は天《てん》に配《はい》し、悠久《ゆうきゅう》は疆《きわ》まり無《な》し。此《かく》の如《ごと》き者《もの》は、見《しめ》さずして章《あら》われ、動《うご》かずして変《へん》じ、為《な》すこと無《な》くして成《な》る。

久しく続けることが完成の基

「故《ゆえ》に至誠《しせい》は息《や》む無《な》し。息《や》まざれば則《すなわ》ち久《ひさ》しく、久《ひさ》しければ則《すなわ》ち徴《しるし》あり。徴《しるし》あれば則《すなわ》ち悠遠《ゆうえん》なり」

「至誠」というのは天の心であり、聖人の心です。その心はもちろん本気です。思いつきではありません。「息む無し」とは休む時がないという意味です。つまり、本気だから久しく続くということ。すると、ある時、ひょこっと兆しが現れてくる。これを「久しければ則ち徴あり」といっています。

経営の神様と呼ばれた松下幸之助さんは、小学校を四年で中退しています。お父さんが米相場に手を出されて失敗し、松下さんは卒業する前の年の十二月に大阪に丁稚《でっち》奉公に行くことになりました。しかし、次々と新しい事業を興し、それを成功させてきたのですが、その松下さんがこういっています。

「何か大事をなそうと思いついたら、一万回の祈りを捧げることが大切だ」と。祈るということは考えることです。ずっとそのことを考え続ける。一日に一回だけ考えていたら一万回で三十年かかりますが、三回思ったら十年、一日に十回なら三年になります。石の上にも三年といいますが、そこまで考え続けると、ある時、ヒョッと兆しが現れてくるんです。

人間というものは、見えない世界を信ずる人は非常に少ない。「これはいいことだから私はやる」といっても、具体的でないとなかなか信用されません。ところが何かの兆しがちょっと出ると「あっ、やっぱり本気だったんだな」となります。するとと今度は協力者が出てくる。そして、協力者の輪はだんだん広がり、終いには一つのものが完成していく。大きな仕事ほど、考えている時間は長いのです。だから、一万回祈る必要もあるのです。

これが「徴あれば則ち悠遠なり」。悠遠とは遥か遠くまで広まっていくという意味です。

「悠遠《ゆうえん》なれば則《すなわ》ち博厚《はっこう》なり。博厚《はっこう》なれば則《すなわ》ち高明《こうめい》なり」

こうして、だんだんと広まっていくと、そのうちに厚みも加わってくる。そして、どんどん大きくなって一つの物体として認識できるようになります。

「博厚《はっこう》は物《もの》を載《の》する所以《ゆえん》なり。高明《こうめい》は物《もの》を覆《おお》う所以《ゆえん》なり」

この博厚は広くなると、天地のように広くなり、すべてのものをそこに載せてもこぼさない。また、太陽の光のようにすべてのものを覆うようになる。

「悠久《ゆうきゅう》は物《もの》を成《な》す所以《ゆえん》なり」

そして悠久、すなわち久しく続けることが、ものを完成していく基である、という。

秋篠宮家にお誕生になった悠仁《ひさひと》親王の悠の字は、この悠久という言葉からとられており、これを「ひさしい」と読んでいます。ものというものは久しく続けることが完成の基であり、いくらいいことでも、続けなければ完成はおぼつきません。

「博厚《はっこう》は地《ち》に配《はい》し、高明《こうめい》は天《てん》に配《はい》し、悠久《ゆうきゅう》は疆《きわ》まり無《な》し」

配すというのは対するということで、博厚というものは地に対し、高明は天に対し、悠久というものは限りがない。「至誠は息む無し」というが、本当の至誠というものは限りなく続いていくものである、という意味です。

「此《かく》の如《ごと》き者《もの》は、見《しめ》さずして章《あら》われ」

このように至誠にして限りなく行く者は、特別に自分で示そうとしなくても、自ずから現れてくる。

「動《うご》かずして変《へん》じ、為《な》すこと無《な》くして成《な》る」

特別に動かなくても変化し、作為を労しなくても自然に成っていく。至誠とはそういうものであるといっています。

『中庸』の根幹をなす「至誠」

『中庸』を貫く一番重要なものはこの「至誠」にあります。「誠は天の道なり。之を誠にするは、人の道なり」。この天の道を我が道とする。ここに人間の非常に尊い生き方があるわけです。

前述した天地との邂逅《かいこう》を助ける。天地と相俟《ま》って万物を発展させていく大本になっている。これを「人にしてその天地と体《たい》を一にする」といいます。

我々はまことに表面は弱小のように見えますが、天の命によってここに生まれてきています。それは実は、天と一なるものであって、その一なるそれを発揮するようにに努力をしていく。それが至誠であり、至誠というものは外から来るものではなくて、我々は皆、生まれたときから常に天地の心を受けているのです。

それをいかにして発揮していくかということが、人生ではなかろうかと私は思っています。

孔子の教えの理論的解明を試みた子思

孔子は、自らの教えをあまり理論的には解明しませんでした。『論語』も理論書ではありません。これを理論的に解明しようとしたのが、前回もお話ししましたが、孔子の孫の子思でした。

子思の本名は伋《きゅう》、『中庸』を著して孔子の教えを後世に広める重要な役割を担《にな》った人でした。そのため、後世、子思は述聖と呼ばれるようになります。

ちなみに、孔子を最も優れた人という意味で至聖と呼び、『大学』を著した曾子を宗聖（宗は本筋という意味です）と呼びます。孔子をお祀りする孔廟の大成殿には、中央には至聖・孔子像を奉り、その横に宗聖・曾子、述聖・子思、復聖・顔子（顔回）、亜聖・孟子の四人が祀られています。

お墓は約二百ヘクタールもあり、その中心に孔子のお墓があり、脇に息子の伯魚と子思のお墓がありますが、子思のお墓に参る人は多くありません。ぜひ、本書をお読みになられた方は、孫の子思のお墓に参ってください。

孔子の教えは現在の中国で翕然《きゅうぜん》として復活してきています。日本でも関心が深まっています。これからもっと読まれるようになると思います。

第四講

君子の道を知る

【中庸第三十三章】……内面を磨く

錦《にしき》を衣《き》て、絅《けい》を尚《くわ》う

詩《し》に曰《い》わく、錦《にしき》を衣《き》て、絅《けい》を尚《くわ》うと。其《そ》の文《ぶん》の著《あら》わるるを悪《にく》むなり。故《ゆえ》に君子《くんし》の道《みち》は、闇然《あんぜん》として日《ひ》に章《あき》らかに、小人《しょうじん》の道《みち》は、的然《てきぜん》として日《ひ》に亡《ほろ》ぶ。君子《くんし》の道《みち》は淡《たん》にして厭《いと》わず、簡《かん》にして文温《ぶんおん》にして理《り》なり。遠《とお》きの近《ちか》きを知《し》り、風《かぜ》の自《よ》るを知《し》り、微《び》の顕《けん》なるを知《し》らば與《とも》に徳《とく》に入《い》る可《べ》し。

きらびやかさを隠す東洋的奥ゆかしさ

ここは『詩経』の「衛風碩人篇・鄭風本篇」に掲載されている詩について、述べています。

『中庸』が成立したころには、すでに「五経」と呼ばれる『詩経』『書経《しょきょう》』『易経《えききょう》』『春秋《しゅんじゅう》』『礼記《らいき》』などは古典として定着していました。そのため、自分の論説を正当化する意味においても、さかんに五経の言葉などを持ってきて、自分だけの意見ではないということを証明しようとしたのです。なかでも『詩経』は、幅広く用いられました。

これは何も悪いことではなく、後世の人々に、より分かりやすくするための手法でした。

では、最初から読んでいきましょう。『詩経』のなかに次の言葉がある、というわけです。

「錦《にしき》を衣《き》て、絅《けい》を尚《くわ》う」

錦のように麗しい着物を着て、その上に麻でつくった薄い上着を重ねる。「絅」とは薄い麻の衣のこと。すなわち、きれいな着物に薄い上着を重ねて着るわけですね。

「其《そ》の文《ぶん》の著《あら》わるるを悪《にく》むなり」

なぜ、そんなことをするのかというと、錦というものは本当に艶やかできらびやかなものですから、その美しさが外に表れるのを嫌うためであると。

「故《ゆえ》に君子《くんし》の道《みち》は、闇然《あんぜん》として日《ひ》に章《あき》らかに」

立派な人の道というものは、ちょっと見ると「闇然」、つまり暗いように見えるけれど、日がたつにしたがって、それがだんだん現れてくる。

「小人の道《みち》は、的然《てきぜん》として日《ひ》に亡《ほろ》ぶ」

これに対して、普通の人の道はちょっと見たら目を見張るようになかなか麗しく見えるけれども、日がたつとだんだん箔《はく》がはがれて薄れてくる。

ここを読むと私はいつも、新建材というのを思い出すんです。新建材ができた時分は、ああ、いいものができたというので、どこの家も取り入れたものです。新建材を使うと、見た目はえらく立派になるのです。ところが時がたち風雨にさらされると表面がはげてきて、えらく貧乏くさくなってしまう。新建材は見たところはいいけれど、十年か十五年もせんうちに色褪《あ》せてきよるんですね。

これが立派な檜《ひのき》なんかを使うと、建てた時分は香りはいいけれど、ちょっと落ち着きがない。ところが、五十年ぐらいたつと、だんだん値打ちがでてくる。そこからさらによくなっていくのは二百年ぐらいたったころです。それが三百年なり五百年なりと年季が入れば入るほど値打ちが出てくる。

これは人間も同じです。それが「君子の道は、闇然として日に章らかに」なっていくということ。ここには東洋文化の特徴である奥ゆかしさというものがありますね。表面はあまりけばけばしていないけれど、内面がよろしい。

最近は着物を着る人が少なくなっていますが、昔の日本の着物は裏地をよく吟味したものです。外は無地だけれど裏には模様を入れる。この模様を内に入れたというのも奥ゆかしさですね。

私は安岡先生に随分反発をしながらも四十八年間先生から離れなかった。それは、先生は着物の裏地のようなもので、見えないところが美しかったからです。それに惹《ひ》かれたんですね。

それで反発しながらも最後まで付き従わせていただき、亡くなる前日に私の手を握られて「道縁は無窮だ」という言葉を残されたのです。

闇然として生きる

内面を重んじるという東洋的奥ゆかしさは、優れた人の号などによく表されています。

儒教の教えをずっと後世にまで伝えた偉大な人物に朱子がいます。朱子学の朱子ですが、この人は非常に難しい進士の試験、日本でいうと昔の高等文官試験といいますか、お役人の登竜門となる一生かかってもなかなか合格しないような試験に、十九歳の時に合格しているんです。それも優秀な成績で合格するんです。

そして万巻の書を読み、天下第一の学者となって後世に大きな影響を与えるのですが、この朱子は自分の号を晦庵《かいあん》と称しました。この「晦」という字は「暗い」という意味です。

一方、日本には山崎闇斎という人がいます。この人は徳川時代に偉大な感化を与えた非常に優れた学者ですが、自らを闇斎と号しました。

その弟子に、これもなかなか後世に大きな影響を与えた浅見絅斎《けいさい》という人がいました。また、同じく優れた弟子に三宅尚斎という人がいた。この人たちはこの「錦を衣て、絅を尚う」から号をとっているんです。

そして山崎闇斎は「闇然として日に章らかに」の闇然から号をとったのです。

闇然というのは、まさに東洋的奥ゆかしさを表す言葉です。人間というのは美しさをそっと内側に囲むところがなくてはいけません。

ところが「小人の道は、的然として日に亡ぶ」で、小人は新建材のようにきらびやかだけれども、そのうちに表面がはがれてしまうということです。

褐《かっ》を被《き》て玉《たま》を懐《いだ》く

これと同じ内容を表す言葉が『老子』に出てきます。

「褐《かっ》を被《き》て玉《たま》を懐《いだ》く」

という言葉です。

褐というのは、錦の逆で粗末な着物ということ。こうした着物を着て、ちょっと見るとあまり冴えないけれども、懐には宝玉を抱いている、という意味です。ここでいう宝玉とは教養と捉えてよいでしょう。それがしっかり積まれて、内に溜まっておると。

実際、一見すると目立った人物ではないけれど、交わりが深くなり、その人の話を聞けば聞くほど、次第に魅せられていく人がいるものです。

私が大きな影響を受けた人に、高田保馬《やすま》という京都大学の社会経済学を創始された方がおりました。この方などは、まさに「褐を被て玉を懐」いた人物でした。なかなかの歌人で、学識は非常に深く、大阪大学や同志社大学などの経済学部創設にも大きな役割を果たした人です。

高田先生は和服を愛用されていましたが、袴《はかま》の裾はほどけ、だらーんと垂れ下がっているなど、服装なんか少しも構いません。しかし、話を聞くうちに、十人が十人、惹きつけられるような魅力あふれる人でした。

また、山田無文という優れた禅僧もおりました。この人もさまざまな苦労を重ねているだけに、演壇に上がってするお話をじっくり聞いていると、いつの間にやら演壇からはみ出すような大きな人間に見えてくるのです。

このお二人などは、内容があれば外見をつくる必要もない、ということをまさに身を持って示された方々でした。

『中庸』という書物は、外見ではなく、東洋的奥ゆかしさを求めているのです。この奥ゆかしいという言葉も最近では使われなくなり、古語のように感じることがあるのは、私一人ではないでしょう。しかし、『中庸』をよくお読みいただくと、この意味がよくお分かりになると思います。

水は飽きず、甘酒は飽きる

話が横にそれてしまいましたが、解釈を続けましょう。

「**君子**《くんし》**の道は、淡**《たん》**にして厭**《いと》**わず**」

君子の道は、水のようにあっさりしながら、長く行っても厭《いや》にならない、という意味です。

水というものは、香りもなければ何もない。さほど味があるわけでもありません。しかし、長く飲みつづけても飽きないのが水です。私も医者から、夏になったら一日二リットルの水を飲みなさい、と勧められていますが、飲んでも飲んでも厭になりません。

君子の交わりは、このように「味は淡として、水の如し」というものであるといっているのです。


一方、小人の道に関してはどうでしょう。この文章には書いてありませんが、「甘《かん》にして醴《れい》の如《ごと》し」

という言葉があります。

醴とは甘酒のことです。醴の字はライとも読みますがレイが正しい読み方です。つまり、甘酒のように甘いというのです。

甘酒というのは、皆さんも日頃飲まれてお分かりのように、一杯目はうまい。しかし、三杯も四杯もとなったら「もう結構」となるでしょう。

このように、一時的にはいいけれども、それを何杯も重ねると、すぐに飽きてくる。それが小人の交わりだ、というのです。同じ酒でも普通の酒だったら何杯でもいけるのですがね（笑）。

「心交」と「利交」

ところで、人と人との交わりには、さまざまな交わりがありますね。

まず「心の交わり」があります。

また、利益によって交わる「利交」というのもあります。

さらに、「心交」という言葉もあります。心交は言葉を換えると素心の交わりであり、これを「素交」ともいいます。素心の交わりというのは、非常に純粋な心の交わり、あるいは清らかな心の交わり（「清交」）の比喩です。

大阪に清交社という古い経済団体がありますが、団体名の由来は、いわゆる利交ではなしに、清らかな心で利害を超えて交わろうというところから命名されました。

そして、ここでいう君子の交わりである「淡として、水の如し」という交わり。

かつて和歌山県のある銀行が破産して、銀行員はそれぞれ分散していったのですが、親しかった者同士が昔を偲んで集まる会をつくるというので、私のところに会の名前を付けてほしいと依頼がありました。そこで私は「淡交会」と付けてあげた。また、大阪に旧軍人が集まる会があり、陸軍関係は偕行社、海軍関係者は水交社と名付けています。

こうした清らかな心の交わりに対して「利交」には、五つの交わりがあります。一つは「賄交」。物ですね、物によって交わる。よく世間を騒がす収賄なんていうのは、賄交の内です。

それから、時の権勢についていく交わりを「勢交」と呼びます。これは政治家などに多い。あの人の勢いが強いから、その下にいれば、何とかなるだろうという交わりです。

さらに「量交」というものもあります。量交というのは量を計ること。こっちとあっちを比べて、こっちのほうが得だと、自分の将来を計りながら、都合のいいほうと交わることを量交といいます。

また、「談交」というのもあります。話がうまいし、面白い。こうした会話を接点にして交わるのが談交です。

そして五つ目が「窮交」。これは文字通り窮乏した者同士の集まりですね。

こうした利交を構成する五交は、小人、すなわち一般の人々の交わりに圧倒的に多い。それを「甘にして醴の如し」といったのです。


こんなことがありました。私は大阪のある神社の責任役員をしているのですが、そこが戦後の一時期、参拝者が途絶えたことがあったのです。正月にお参りする人も非常に少ないので、ある人が客寄せに甘酒をつくって接待しようと提案しました。参拝者は寒い夜中に来ますから、本当にありがたいと感謝されたのですが、二杯三杯というのは、あまり、要望せんのですわ。

でも、その甘酒につられて、ようけ来たんです。そのうち、人数が増え過ぎてしまって、薄めて出したんですが、それも足りなくなって、一時出さなくしました。しかし、甘酒を出すと皆さん喜びますから、最近では参拝者集めではなく、慰労の意味で甘酒を出しています。

というわけで、小人というものは甘酒につられてやってきます。参拝者をたとえに使って申し訳ないが、普通の人はそういうところがありますね。

無垢な木材が表す微妙な彩りこそ美

「簡《かん》にして文温《ぶんおん》にして理《り》なり。遠《とお》きの近《ちか》きを知《し》り、風《かぜ》の自《よ》るを知《し》り、微《び》の顕《けん》なるを知《し》らば與《とも》に徳《とく》に入《い》る可《べ》し」

これも君子の道についていっていますが、まず「簡にして文」あり。非常に簡単なように見えるけども、そのなかには、さまざまな文采《ぶんさい》（＝彩り、あや）があるという意味です。

伊勢神宮に代表される日本の神社建築は、本来何の装飾もほどこさない素《そ》の木材が使われてきました。世界的に見て非常に珍しい建築物ですが、外国の有名な建築家が訪れると、皆、一様に驚くそうです。それは、無垢な木材にもかかわらず柱の一本一本に微妙な彩りがあり、独特の味を出しているからです。

これが、簡単にしてかえって文采がある、ということです。しかもそれは「温《おん》にして理なり」。つまり、穏和でありながら、条理があって乱れがない、素晴らしい建築だ、というわけです。

小の積み重ねが大をなす

そして「遠きの近きを知り」（遠い彼方《かなた》に見えるものも、近いところにその基がある）。遠いというのは、遠いところがぽつんとあるわけではなく、近いものを足元からだんだん積み重ねたものなのです。

さらに「風の自るを知」る（風がそよぐのは、それを起こす内なる働きによるものであると分かる）。風は空気が動いて起こるわけですが、昨今その構造がよく分かってきて、全体的には高気圧から低気圧に向かって空気が流れていることが分かりました。何も原因なしに風が起こっているわけではないですね。

したがって、「微の顯なるを知らば與に徳に入る可し」。こうした、微《かす》かなようでも、それが重なって明らかに現れることを知れば、ともに相携《あいたずさ》えて徳を積んで大に至ることを知ることができる、といっています。

相携えてということは、物事というものは決して、その代だけで現れたものではなく、多くの先人の積み重ねの結果として今があるということです。二宮尊徳は「小を積んで大となす」といいました。二宮尊徳の教えの根本をなすものは、まさに小さいものをだんだん積み重ねて、大きくしていくということです。初めから大きいものが生まれるはずはありません。

これは企業においてもいえます。創業者以来の地道な努力の積み重ねが、今日の姿となって現れているのです。ところが、途中から入社してくる人にとっては、現在の姿が当たり前のように思い、期待が大きいだけ不平不満も出てくるわけです。やはり、創業の苦難というのは、それを体験した人でないと分からないものなのでしょう。

物事というものは一朝一夕にできるものではない。長い間、努力に努力を重ねて、できていくものだということです。

この項の最後に三十三章冒頭の詩の意味をもう一度確認しておきましょう。

『詩経』の「衛風碩人篇・鄭風木篇」にいっている。錦のような美しい着物を着

て、薄い麻の衣を上に重ねるのは、そのきらびやかな美しさが外に表れ過ぎることをにくむからである。

そこで君子の道はちょっと見ると暗いように見えるけれども、日に日にだんだんと現れて飽きないが、小人の道は日に日にその箔がはげて、見苦しくなる。

君子の道は水のようにあっさりしながら長くしても厭われない。簡単にしてかえって文采があるようである。温和でありながら条理があって乱れない。

遠い彼方に見えるのは近いところに基づき、風のそよぐのはそれを起こす内なる働きによることが分かり、微かなようでも、それが重なって明らかに現れることを知れば、ともに相携えて徳を積んで大に至ることを知ることができる。

ここには『中庸』の精神が十分に盛り込まれておりますから、暗唱しておかれると、我々が人生を渡っていくうえで非常に役立つものがあるだろうと思います。

君子《くんし》は内《うち》に省《かえり》みて疚《やま》しからず

詩《し》に云《い》わく、潜《ひそま》りて伏《ふ》すと雖《いえど》も、亦孔《またはなは》だ之《こ》れ昭《あき》らかなりと。故《ゆえ》に君子《くんし》は内《うち》に省《かえり》みて疚《やま》しからず、志《こころざし》に悪《にく》む無《な》し。君子《くんし》の及《およ》ぶ可《べ》からざる所《ところ》の者《もの》は、其《そ》れ唯人《ただひと》の見《み》ざる所《ところ》か。

慎独こそ君子の証

「潜《ひそま》りて伏《ふ》すと雖《いえど》も、亦孔《またはなは》だ之《こ》れ昭《あき》らかなり」

この部分は、『詩経』の「小雅正月篇」にある言葉です。これは「潜《か》くれて伏すといって、現れないように見えるけれども、それは、はなはだ明らか」という意味です。「はなはだ明らか」とは、隠したと思っても自然と外に現れてくるものである、と解釈すればいいでしょう。

「故《ゆえ》に君子《くんし》は内《うち》に省《かえり》みて疚《やま》しからず、志《こころざし》に悪《にく》む無《な》し」

したがって、君子、すなわち立派な人は、自ら省みて、疚しいところがないので、心に恥じるところがない。

「君子《くんし》の及ぶ可《べ》からざる所《ところ》の者《もの》は、其《そ》れ唯人《ただひと》の見《み》ざる所《ところ》か」

君子に及ぶことができないところのものは、ただ人の見ていないところで慎む、すなわち慎独することにより過ちのない生活をするのだろう、という意味です。

我、日に我が身を三省する——反省の勧め

前にも述べましたが、大切なところなので、「慎独」について改めて説明しておきましょう。

『中庸』の初めに

「天《てん》の命《めい》ずる之《これ》を性《せい》と謂《い》い、性《せい》に率《したが》う之《これ》を道《みち》と謂《い》い、道《みち》を修《おさ》むる之《これ》を教《おしえ》と謂《い》うなり。道《みち》なる者《もの》は、須臾《しゅゆ》も離《はな》る可《べ》からざるなり。離《はな》る可《べ》きは道《みち》に非《あら》ざるなり。是《こ》の故《ゆえ》に君子《くんし》は其《そ》の睹《み》ざる所《ところ》に戒慎《かいしん》し、其《そ》の聞《き》かざる所《ところ》に恐懼《きょうく》す」

とありました。

優れた人物は、他人が見ていないところで自分自身を慎むものである、ということですが、これが『中庸』を貫く根本思想であることはすでにお話しした通りです。

この一人を慎むということは、一般の人にはなかなかできにくいことですが、日常生活で最も大切にしなければならないことを一つあげるとすれば、常に自分を省みる、つまり反省することなのです。

反省の「省」の字には二つの意味があります。

一つは、自分の行いを省《かえり》みる、という意。しかし、それだけでは十分ではありません。省みた結果、良きものは残し、悪しきものは省《はぶ》いていくことが必要です。これが二つ目の意味です。省略という言葉もありますね。

人生は、この「省」の一字に尽きるといってもいいと思います。『論語』のなかに「我、日に我が身を三省する」という言葉があります。この場合の「三」は三回という意味ではありません。「度々」という意味です。つまり、度々、自分の行いを省みて至らないものはそこで省き、足りないものは補っていくことが必要だというのです。

皆さんも、一日に一回、就寝前にでも一日の自分の行動を整理し、反省する機会を持たれるといいでしょう。

その一番手近な方法は日記をつけることです。しかし、年中休まずにつけ続けるということは、いうべくして、なかなか難しい。酔って帰ってきた時などは、ぱったり倒れて、そのまま寝込んでしまうことはよくあることです。

私は自慢ではないが、学校に行っておる時分に校長さんから日記をつけることを勧められ、以来、今日に至るまで何十年もの間、日記をつけ続けています。先日も娘たちが私の書斎を整理したら古い日記が出てきました。読んでみると、なんと結婚当初のものでした。「日記というのは、人に見せるもんじゃない」といって慌てて取り上げましたがね（笑）。日記というのは、一番その人をよく表すものです。

反省することによって慎独が可能になり、慎独を継続できるかできないかが、君子と小人の分かれ目になるのではないでしょうか。これがすなわち、「君子《くんし》の及《およ》ぶ可《べ》からざる所《ところ》の者《もの》は、其《そ》れ唯人《ただひと》の見《み》ざる所《ところ》か」ということです。

動《うご》かずして敬《けい》し、言《い》わずして信《しん》なり

詩に云《い》わく、爾《なんじ》の室《しつ》に在《あ》るを相《み》るに屋漏《おくろう》に愧《は》じざらんと。故《ゆえ》に君《くん》子《し》は動《うご》かずして敬《けい》し、言《い》わずして信《しん》なり。

修養の基本

「詩に云《い》わく、爾《なんじ》の室《しつ》に在《あ》るを相《み》るに屋漏《おくろう》に愧《は》じざらん」

爾の部屋にいるのを見ると、家の西北の隅の暗い部屋、すなわち人のいないところにおいても愧じないようにありたい、といっています。

ここも『詩経』に出てくる詩を引いて語っています。『詩経』には三百五編がありますが、この詩はそのなかの「大雅抑之篇《たいがよくのへん》」に出てくるものです。

まず、「室に在る」とは部屋にいること。「屋漏」は西北の隅にある部屋で、陽が当たらないので普通は人が住まず、物置などに使われていました。

私が育った家もそうでしたが、昔の田舎家はふすまで多くの部屋が区切られており、結婚式や葬式などたくさん人の集まる時は、ふすまをはずして大きな部屋をつくりました。そのため、各部屋に押し入れがあるわけではなく、平生使わない物は、こうした陽の当たらない部屋に納めておき、そこを「おく」と呼んだものです。

その屋漏に愧じざらん、ということは、人のいない部屋においても恥じないようにありたい。君子はそれくらい自分を慎んでいる、ということをいっています。

他人の眼がない一人でいる時でも常に慎み深く、反省と戒めを忘れない、ということは、先にあげた『中庸』の冒頭でも「君子は其の睹ざる所に戒慎し、その聞かざる所に恐懼す」という言葉が出てきました。これは、人が修養を重ねる際の基本中の基本なのです。

「故《ゆえ》に君子《くんし》は動《うご》かずして敬《けい》し、言《い》わずして信《しん》なり」

それゆえに、こうした修養を積んでいる君子は、そうした心持ちが風格などになって表れるのでしょう。何も動かずにじっとしていても、その人の姿を見ただけで、「これは立派な人や」と相手は自ずから敬うようになり、何も言わなくても信頼されるようになる。実際、言葉を交えなくても「この人は立派な人や」と、心から頭が下がる人物に出会うことはありますね。

賞《しょう》せず勧《すす》み、怒《いか》らずして威《おそ》る

詩《し》に曰《い》わく、假《か》を奏《そう》して言《い》う無《な》し、時《とき》に争《あらそ》うこと靡《な》し。是《こ》の故《ゆえ》に君子は賞《しょう》せずして民勧《たみすす》み、怒《いか》らずして民鈇鉞《たみふえつ》より威《おそ》る。

日々新なり

「詩《し》に曰《い》わく、假《か》を奏《そう》して言《い》う無《な》し、時《とき》に争《あらそ》うこと靡《な》し」

この詩も前のものとだいたい同じことをいっています。これは『詩経』の「高頌烈祖篇」に出てくる一編です。この「高頌烈祖篇」は、現時点では中国の最初の国家とされている殷《いん》(歴史上では殷の前に夏《か》の存在が認められていますが、その実在は確認できていません)の初代王である湯《とう》王のことを詠んだものです。湯王は商というところから出てきた人ですから、商祖と呼ばれていました。

この湯王に関しては、『大学』の中に、「湯《とう》の盤《ばん》の銘《めい》に曰《い》わく、苟《まこと》に日《ひ》に新《あら》た日日《ひび》に新《あら》たに、又日《またひ》に新《あら》たならんと」という有名な言葉があります。

人間というものは、最高を極めるとすぐに、お山の大将を決め込んで努力を怠りがちになり、思い上がってみたりするものです。

しかし、人間も万物と同じで、絶えず変化して止まないものです。一瞬として同一状態に止まっているものではありません。したがって、それに沿って我々は独自に変化しなくてはならないのですが、「もうこれでいいわ」と怠けの心が起こってきて、そこに留まってしまうものです。

しかし、これでは他の者が先に進むのですから世の中に遅れることになってしまう。本人は遅れるつもりはなくても、周囲は進んでいきますから、退歩を意味します。

そこで湯王は、自分の使う盤、つまり洗面器に「苟《まこと》に日《ひ》に新《あら》た日日《ひび》に新《あら》たに、又《また》日《ひ》に新《あら》たならんと」と書き付けて、自らを戒めたといわれています。私たちが日頃よく使う「日々新なり」という言葉はここから出てきたものですね。

この「新」という文字は、立木に労力を加えて切り倒し、木材にすることが本来の意味です。このように変化創造していくことを「新《しん》」と呼びました。つまり、世の中は絶えず変化して止まることはないから、その変化に応じていくことが大切である、と説いています。

神威に感化して争わず

詩の解釈に戻りましょう。

次の「假」というのは大きいという意味。したがって大きな音楽＝大楽ですね。これは神様をお祀りする時の荘重にしてよく整った音楽を指しています。

中国というところは、神や先祖を祀る時に、音楽を奏してお祀りをします。日本でも神様をお祀りする時には神楽をあげますが、たくさんの楽器の合奏で舞うのを大神楽といいます。伊勢神宮にも大神楽殿というのがあり、ご本殿の前で大神楽をあげてお祭りをしますが、その時の音楽の果たす役割は非常に大きなものがあります。

中国でも天を祀り、先祖を祀る際の音楽は大切なものでありました。ましてや聖徳を治めた立派な人物である君子、あるいは天子といってもいいのですが、その人が大楽を奏させて神を祀る時には、人々はみな神明に感銘して一言も発することなく、神威に感化されて争う者もいない、というのです。

私は、こうした体験を何度かしました。

大阪に四条畷《しじょうなわて》神社というお宮があります。後醍醐天皇に従った楠木正成《くすのきまさしげ》の子で、この地でわずか二十三歳で戦死した楠木正行《まさつら》を祀ったお社です。この四条畷神社にある時、泥棒が入って銅版が全部剥がされて盗まれる事件が起きました。盗まれた跡は実に惨憺《さんたん》たる状態で復旧は無理か、ともいわれたのですが、志のある人々の協力で相当程度復旧しました。そこで改めてご祭神を本殿に移して、いわゆるお祭りをいたしました。

私の恩師である安岡正篤先生が四条畷のご出身であり、先祖が同神社に奉られていることから、不肖私もこの祭典に出席させていただきました。神殿では宮司を初め安岡先生などが出席されて神事が行われていましたが、私等は庭に張られた天幕の中におりました。するとしばらくして神殿の奥から祭典の音楽が聞こえてきました。

そうしたらどうでしょう、誰かのすすり泣きの声が聞こえてきたと思ったら、全員が感動して泣き出したのです。「あぁ、神祭というのはこういうもんやな。神は何の言葉も発しないが、やはり感動させるものがある」と、私は大きなショックを受けました。

西行法師は神宮の荘厳な空間に身を置いて

「何事のおわしますかは知らねども、忝《かたじけな》さに涙こぼるる」

と詠みましたが、神とはそういうものです。

こうして、「假を奏して」神を奉ると、神の持つ崇高な力によって皆の心が素直になる。だから争い事も起こらない。神と人との間に互いに心通ずるものがある。これが神祭というものです。

宗教ではない日本神道

日本が無条件降伏した四か月後の昭和二十年十二月十五日、連合軍は、それまで日本人の魂の支柱となっていた国家神道を排除し、政教分離を実現するため、「神道指令」というものを出しました。これは日本神道をキリスト教や仏教と同じようにすべて宗教法人にするという命令です。

しかし、日本の神道はキリスト教やイスラム教のような〝教典〟を持っていません。その意味で宗教ではないのです。にもかかわらず政教分離の原則のもと、現在でも公人である役人や政治家は〝正式〟に神社に参拝することはできません。だから毎年、靖国神社に閣僚が参拝すると、肩書が問題になるのです。

実際、「神道指令」が出された翌年の伊勢神宮は参拝者も少なく、草も伸び放題だったころに参拝したことを私は覚えています。

しかし現在では、年間八百万人もの参拝者を数えるまでに回復してきました。これは、年齢に関係なく日本人の心の中には神道の精神が息づいていることの証明ではないでしょうか。

神道とは、神がおられるとされる場所に身を置き、壮大な宇宙の力、万物創生の神の力を感じるものなのです。

だから日本人は神を信じていないように見えても、お正月や何か難事にぶつかった時などに神社にお参りするのです。これは古くから万物・自然を敬い、神との共生を願った日本人のＤＮＡといっていいでしょう。したがって、神道は宗教とは違うものであるといえるのです。

上に立つ者の心構え

「是《こ》の故《ゆえ》に君子《くんし》は賞《しょう》せずして民勧《たみすす》み、怒《いか》らずして民鈇鉞《たみふえつ》より威《おそ》る」

そこで、神の如き純粋な品格を備えている聖徳の君子がその祭りをするというだけで、人々はその大楽を聞いて心を洗われ本来の心に返り、褒賞《ほうしょう》など与えなくとも自ら進んで自分の果たすべきことを果たすようになる。また怒って強制しなくても、人々は自ずから恐れ、天の道に背くようなことはしなくなる、といっています。「鈇《ふ》」は馬草刈りに使う刃物、「鉞」は斧のことで、古代中国では、こうしたものが罪人を処刑する時に使われました。

今読んできた二つの詩は、上に立つ人の心がまえを説いています。

今から五十年ほど前に、日本通運という会社が「学校を卒業した者をそのまま使ったんでは、これからの会社は成り立たない。役立つ人材を育てるためにも会社で教育をやり直す」と決意して研修所をつくりました。これをやった企業としては日本で最も早いうちの一つで、その後、次々と生まれる企業研修施設の先駆けとなるものでした。

私も管理者研修の講師として参加したのですが、その時こんな例をとりあげました。

当時、大阪地域の日本通運では一万五千人の運転手が働いていましたが、「もし運転手全員が、一日三十分間ずつ怠けたとしたら、どういうことになるでしょうか？　これを給料に換算して一年間集計すると、ちょうど一年間のボーナス分に相当します。誰も見ていないからサボるのではなく、誰もいないところでも自分の職務に忠実に、恥ずることなしに勤められる会社に、管理職の方々はしていかなければなりません。そうすれば賞与の額が高い安いといわなくても、社員はボーナス分などは簡単に稼ぎ出してくれます。ぜひ皆さんは、こうした管理者になっていただきたい」と。

これが「君子は賞せずして民勧み」ということだと思います。

篤恭《とくきょう》にして天下平《てんかたい》らかなり

詩《し》に曰《い》わく、顕《あら》われざらんや惟《こ》れ徳百辟其《とくひゃくへきそ》れ之《これ》に刑《のっと》ると。是《こ》の故《ゆえ》に君子《くんし》は篤恭《とくきょう》にして天下平《てんかたい》らかなり。

徳の治世を貫いた聖人・文王

「詩《し》に曰《い》わく、顕《あら》われざらんや惟《こ》れ徳百辟其《とくひゃくへきそ》れ之《これ》に刑《のっと》る」

この詩は『詩経』の「周頌烈文篇」に出てくるもので、孔子も非常に尊敬した古代中国の周の文王のことをうたった詩です。

孔子は生涯、この文王（当時、大国・周はまだ成立しておらず、子供の武王が殷《いん》の紂《ちゅう》王を倒して周という国家を誕生させ、父に王という称号を奉って文王と呼ばれるようになりました）を大きな目標にし、聖人としています。

「それほど高潔な文王の深遠な徳が現れないことがあろうか？　何も吹聴するようなことをしなくても必ず現れ、諸侯は自らこれに従い、基本にする」という内容の詩の一節です。

「百辟」とは「諸侯」の意。「辟」は命令を出す立場の人のことをいいます。「刑る」は「則る」と同じで自然にこれを基本とすると解釈すればいいでしょう。

「是《こ》の故《ゆえ》に君子《くんし》は篤恭《とくきょう》にして天下平《てんかたい》らかなり」

このように君子（ここでいう君子は最上の地位にいる人で天子のことです）は、篤敬（恭）、つまり品格は誠に重厚で慎み深く、何か特別に衒《てら》うところもないから、世の中は自然に太平になる、といっています。

天子の地位にある者は、「君子南面」といって、太陽＝天に向かって座り、直接、行政などの仕事に携わりません。それらの仕事は優れた大臣などに任せ、自らは「南面」しているだけで、その徳の力によって世の中はよく治まった。それが文王の治世であったということです。

日本の天皇陛下もこうした治世を理想として、直接、政治には携わりませんが、それでも世の中がピタッと治まるというふうにありたいものです。

歴史上、数多い豹変人間

しかし、普通の人にとっては最上位を極めて謙虚で恭しくするということは、なかなか難しいことです。現代でも、天下をとったら人柄が一変する人間は、たくさんいます。一番扱いにくいのは、いわゆる労働組合出身の代議士ではないでしょうか。大臣になった途端にいい気になってしまい、本来、国民の味方であるはずが、これとまったく逆の行動に出ることは、歴史を見ればすぐに分かることです。

なかでも旧ソ連のスターリンなどは、権力を握ると強い兵力をバックに、情容赦なく国民を弾圧しました。彼の行った「粛清」で数千万人ともいわれる人々が殺されています。しかもその多くが闇から闇へ消されたといわれています。

中国も中華人民共和国が成立するときに、これと同じようなことが行われました。日本は中国と戦争をしましたが、その戦争の犠牲者よりもはるかに多い人々が、闇から闇に葬られたともいわれています。こうした威嚇《いかく》のうえに表面的な平和が築かれているといってもいいでしょう。

これとまったく逆だったのが文王でした。高い地位にありながら、実に篤恭であったことから、諸侯も心から彼の徳を慕い、世の中は非常に平和になったというのです。

篤恭に徹しられた我が師・正篤先生

この篤恭というものが、その人を大きくし果てしない利益をもたらすものだということを、私は偉大な師である安岡正篤先生から教わりました。先生は百数十回という講義を大阪でされましたが、一切謝礼を受け取られませんでした。

ある時大阪で、先生をお招きして先哲講座を開催したことがありました。その日、先生は奥様が危篤状態にもかかわらず、誰にも明かさずにおいでくださったのです。そうした状況ですから、大阪に来られてからも三時間おきに病院に電話を入れ、奥様の容体を聞かれていました。

その何回目かの電話のあとで私に「謝礼を貰うような講義なら断るんだけどもね」と、一言おっしゃられたのです。謝礼を貰うところなら断るんだが、謝礼を貰わないところだから断るわけにはいかなかった、ということです。

私はこの時、先生の道に対する深い思いというものを知って、目頭が熱くなったことを覚えています。

幸い先生の講義の多くは録音され、その後、いくつかの出版社から出版されて、たくさんの人々に生きる指針を与え、しかも出版社には利益をもたらすなど、幅広い〝得〟を世の中にもたらしています。これも先生の篤恭がもたらしたものです。

聲《こえ》と色《いろ》を以て民《たみ》を化《か》するに於《お》けるは末《すえ》なり

詩《し》に云《い》わく、予明徳《われめいとく》を懐《おも》う、聲《こえ》と色《いろ》を以《もっ》て大《だい》とせずと。子曰《しのたま》わく、聲《こえ》と色《いろ》を以《もっ》て民《たみ》を化《か》するに於《お》けるは末《すえ》なりと。

明徳を明らかにする

「詩《し》に云《い》わく、予明徳《われめいとく》を懐《おも》う、聲《こえ》と色《いろ》を以《もっ》て大《だい》とせず」

ここに取り上げられている詩は『詩経』の「大雅皇矣篇」のなかに出てきます。

「自分は明徳を思うのみで、特に声を大に、色をはげしくすることはない」という解釈になります。

「子曰《しのたま》わく、聲《こえ》と色《いろ》を以《もっ》て民《たみ》を化《か》するに於《お》けるは末《すえ》なりと」

孔子は「声と色とをもって民を感化するのは末だ」といっておられるが、同じことをいっているのである、という意味です。

この詩にある「明徳」という言葉は『大学』の一番初めにも出てきます。すなわち「大学《だいがく》の道《みち》は明徳《めいとく》を明《あき》らかにするに在《あ》り」。

「徳」という字の旁《つくり》は、もともと正しい、真っ直ぐ、素直などの心を表しています。何に対して素直かというと、いわゆる天の道を素直な心で実行するということです。

「明徳」と「玄徳」

この「徳」には二つの面があります。一つは、目には見えないが、内にあって大きな働きをしている徳。木にたとえると根に相当するところの徳を「玄徳」といいます。他方、外に現れる徳。木にたとえると幹や枝、葉・花・実にあたる部分ですが、これを目に見えるから「明徳」というのです。

このうち「玄徳」を主として説いたのが老子であり、この徳を世の中に大いに発揮しよう、すなわち「明徳」を強めたのが孔子です。しかし、「明徳」も「玄徳」も目に見えるか、見えないかの違いだけで、実は同じものなのです。

このことを木にたとえると、根がなければ美しい花も生い茂る葉も決して現れてこないということです。言い換えれば、花も葉も枝も、根のありようが目に見える形となって現れたものだ、といえるのです。

「明徳」が明らかになるということは、同時に「玄徳」というものが内側に積まれておるということです。したがって、この「玄徳」を内側にしっかりと養う必要があるのです。

『大学』という書物は、孔子の弟子の曾子が、孔子の教えを素直に表現したものだといわれています。すると当然、「大学《だいがく》の道《みち》は明徳《めいとく》を明《あき》らかにするに在《あ》り」となるわけですが、決して玄徳を無視したわけではありません。

五十にして天命を知る

「明徳」を発揮しようとすればするほど、根にあたる「玄徳」を養っていくことが大切である、といえるのです。そして、孔子が「玄徳」というか、宇宙根源の働きを身をもって体得する（覚る）のは、『論語』に「五十にして天命を知る」とあるように、五十歳をすぎてからでした。

孔子は、学問をすればそこに到達するだろうと思って、大変な努力に努力を重ねて世にも珍しい優れた学者になるわけですが、学者の境地だけではこの天命を体得しえなかったのです。しかも、普通の生活をしながらですから、その努力は並大抵のものではなかったでしょう。

そのことは『論語』の中の「朝《あした》に道《みち》を聞《き》かば、夕《ゆう》べに死《し》すとも可《か》なり」という言葉にも表れています。この道は「玄徳」を指しており、本当のそれが分かったならばいつ死んでもよろしい、といっているのです。

一見、矛盾しているように見えますが、人間というものは求めてそれが得られず、悪戦苦闘している時には、これさえ分かればいつ死んでもいい、という言葉が自ずから出てくるものです。孔子も、人知れず苦悩の道をたどったのでしょう。

学問というものは、一、二、三……と積み重ねていくものです。ところが、この道を求めるということは逆で、今までしてきたものを皆、取り払わなければならない。何もなくなったところに、ぽっと出てくるものが天地宇宙の根源の働き、すなわち天命といってもいいものであります。このぽっと出てくることを「覚り」ともいいますね。

したがって、孔子が「朝に道を聞かば、夕べに死すとも可なり」といったのは、孔子という人が命がけで求めていた証拠でもあると思います。

一方、お釈迦さまは、二十九歳の時に王位となる地位を捨てて家を出、家庭を捨てて、六年もの間、生死の境をさまようがごとく難行苦行を重ねて、三十五歳で覚りを開かれました。いわば普通の生活を捨てて修行なされたのです。

これに対して孔子は、普通の生活をしながら五十歳を過ぎてお悟りになったのですが、孔子とよく似ているのが、親鸞聖人です。親鸞は肉食妻帯という普通の生活を表面はしながら、その高い境地に到達しました。
すなわち、これも慎独に通じることですが、単なるパフォーマンスでは、明徳を明らかにすることはできない、ということです。

声なき声を聞き、形無きものを見る——覚るということ

詩《し》に云《い》わく、徳《とく》の輶《かろ》きこと毛《け》の如《ごと》しと。毛《け》は猶倫有《なおりんあ》り。上天《じょうてん》の載《こと》は聲《こえ》も無《な》く臭《におい》も無《な》し。至《いた》れり。

『中庸』の極限は「覚り」にあり
いよいよ『中庸』の最後の段です。
「詩《し》に云《い》わく、徳《とく》の輶《かろ》きこと毛《け》の如《ごと》し」
『詩経』の「大雅烝民篇」に「徳というのは非常に大事だけども、その軽いこと

は毛のようなものである」といっています。

「毛《け》は猶《なお》倫《りん》有《あ》り」

しかし、毛にはなお重さがある。

「上天《じょうてん》の載《こと》は聲《こえ》も無《な》く臭《におい》も無《な》し。至《いた》れり」

それに対して、『詩経』の「大雅文王篇」には「天上のことは声もなく臭いもない」とある。これを知るには知識の積み重ねで得られる「学知」ではなく、声なき声が聞こえ、形無き形が見えるようになる「覚り」が必要である。

このことは、聖王の徳によって民を感化するのは、声もなく臭もなくて、民は自ら感化していく、ということ。すなわち徳をもって民を感化すれば、民は特別なことをしなくても自ら感化していくことをいっています。

これが至れり尽くせり、つまり『中庸』の極限はここにある、というのです。

「覚る」ということは、知識ではなく体でしっかりと受け止め、納得することです。近年は科学技術が発達し、これまで「声もなく臭いもない」ようなところにメスを入れて、分からなかったことがだんだんと解明されてきています。

先日も小惑星を探査した衛星が、多数のトラブルに見舞われながらも、数年もかかって地球に帰ってきました。これは、ちゃんとした法則に従ってやっているわけで、その裏には、普通では見えない、聞こえない世界の法則を発見した偉大な人物がいるのです。

ところが歴史上には、機械などを使わなくても声なき声が聞こえ、形無きものが見えた人が存在しているのです。それが、孔子であり、釈迦であり、キリストであるわけです。彼らは全員、「覚り」の境地を切り開いたのです。

ところが、こうした常人ではなしえなかった人物の教えは、おしなべて迫害されました。キリストは十字架にかけられましたし、孔子の教えは、秦の始皇帝の「焚《ふん》書坑儒《しょこうじゅ》」、中国文化大革命での儒教排斥運動と、二回にもわたって否定されました。しかし、いずれの場合も真実の道力は強く、日ならずしてみごとに復活しています。

『中庸』という書物は、自己を完成させていくうえで、最も優れた書物だと思います。

商売に携わる者には商道という道があり、農業に携わる者には農道という道があるというように、それぞれに追求すべき基本道があります。それぞれが、それぞれの道を極めれば、いずれの道を選んでも相通ずるものがあります。富士山の頂上に登ったら、どの道を通って登っても、同じように周囲がよく見えるのと同じことであります。

人間、一生修行の道が続いています。お互いに生ある限り、精進を続けていきたいものだと思います。

『中庸』全文

第一章

天《てん》の命《めい》ずる之《これ》を性《せい》と謂《い》い、性《せい》に率《したが》う之《これ》を道《みち》と謂《い》い、道《みち》を修《おさ》むる之《これ》を教《おしえ》と謂《い》うなり。

道《みち》なる者《もの》は、須臾《しゅゆ》も離《はな》る可《べ》からざるなり。離《はな》る可《べ》きは道《みち》に非《あら》ざるなり。是《こ》の故《ゆえ》に君子《くんし》は其《そ》の睹《み》ざる所《ところ》に戒愼《かいしん》し、其《そ》の聞《き》かざる所《ところ》に恐懼《きょうく》す。隠《かく》れたるより見《あら》わるるは莫《な》く、微《すこ》しきより顯《あき》らかなるは莫《な》し。故《ゆえ》に君子《くんし》は其《そ》の獨《ひと》りを愼《つつし》むなり。

喜怒哀樂《きどあいらく》の未《いま》だ發《はつ》せざる、之《これ》を中《ちゅう》と謂《い》い、發《はつ》して皆節《みなせつ》に中《あた》る、之《これ》を和《わ》と謂《い》う。中《ちゅう》は天下《てんか》の大本《たいほん》なり。和《わ》は天下《てんか》の達《たつ》道《どう》なり。中和《ちゅうわ》を致《いた》して天地《てんち》位《くらい》し、萬物育《ばんぶついく》す。

第二章

仲尼《ちゅうじ》曰《のたま》わく、君子《くんし》は中庸《ちゅうよう》をす、小人《しょうじん》は中庸《ちゅうよう》に反《はん》す。君子《くんし》の中庸《ちゅうよう》は君子《くんし》にして時《とき》に中《ちゅう》す。小人《しょうじん》の中庸《ちゅうよう》は小人《しょうじん》にして忌憚《きたん》無《な》きなり。

第三章

子《し》曰《のたま》わく、中庸《ちゅうよう》は其《そ》れ至《いた》れるかな、民《たみ》能《よ》くする鮮《すくな》きこと久《ひさ》し。

第四章

子《し》曰《のたま》わく、道《みち》の行《おこな》われざるや、我之《われこれ》を知《し》る。知者《ちしゃ》は之《これ》に過《す》ぎ、愚者《ぐしゃ》は及《およ》ばざるなり。道《みち》の明《あき》らかならざるや、我《われ》之《これ》を知《し》る。賢者《けんじゃ》は之《これ》に過《す》ぎ、不賢者《ふけんじゃ》は及《およ》ばざるなり。人《ひと》飲《いん》食《しょく》せざる莫《な》きなり。能《よ》く味《あじ》わいを知《し》ること鮮《すくな》きなり。

第五章

子曰《しのたま》わく、道《みち》は其《そ》れ行《おこな》われざるかな。

第六章

子曰《しのたま》わく、舜《しゅん》は其《そ》れ大知《たいち》なるか。舜《しゅん》は問《と》うことを好《この》んで、邇言《じげん》を察《さつ》するを好《この》み、悪《あく》を隠《かく》して善《ぜん》を揚《あ》げ、其《そ》の両《りょう》端《たん》を執《と》つて、其《そ》の中《ちゅう》を民《たみ》に用《もち》う。其《そ》れ斯《こ》れ以《もっ》て舜《しゅん》と為《な》すか。

第七章

子曰《しのたま》わく、人皆予《ひとみなわれ》を知《ち》ありと曰《い》う。驅《か》つて諸《これ》を罟擭陷《こかくかん》阱《せい》の中《なか》に納《い》れて、之《これ》を辟《さ》くるを知《し》る莫《な》きなり。人皆予《ひとみなわれ》を知《ち》ありと曰《い》う。中庸《ちゅうよう》を擇《えら》んで期月《きげつ》も守《まも》ること能《あた》わざるなり。

第八章

子曰《しのたま》わく、回《かい》の人《ひと》と爲《な》りや、中庸《ちゅうよう》を擇《えら》び、一善《いちぜん》を得《う》れば、則《すなわ》ち拳拳服膺《けんけんふくよう》して之《これ》を失《うしな》わず。

第九章

子曰《しのたま》わく、天下國家《てんかこっか》をも均《ひと》しゅうす可《べ》きなり、爵祿《しゃくろく》をも辭《じ》す可《べ》きなり。白刃《はくじん》をも踏《ふ》む可《べ》きなり。中庸《ちゅうよう》は能《よ》くす可《べ》からざるなり。

第十章

子路《しろ》強《きょう》を問《と》う。子《し》曰《のたま》わく、南方《なんぽう》の強《きょう》か、北方《ほっぽう》の強《きょう》か、抑《そもそ》も而《なんじ》の強《きょう》か。寛柔《かんじゅう》以《もっ》て教《おし》え、無道《むどう》に報《むく》いざるは南方《なんぽう》の強《きょう》なり。君子《くんし》之《これ》に居《お》る。金革《きんかく》を衽《しとね》とし、死《し》して厭《いと》わざるは北方《ほっぽう》の強《きょう》なり。而《しこう》して強者《きょうしゃ》之《これ》に居《お》る。故《ゆえ》に君子《くんし》は和《わ》して流《りゅう》せず、強《きょう》なるかな矯《きょう》たり。中立《ちゅうりつ》して倚《よ》らず、強《きょう》なるかな矯《きょう》たり。國道《くにみち》有《あ》れば塞《そく》を變《へん》ぜず、強《きょう》なるかな矯《きょう》たり。國道《くにみち》無《な》ければ、死《し》に至《いた》るまで變《へん》ぜず、強《きょう》なるかな矯《きょう》たり。

第十一章

子曰《しのたま》わく、隠《かく》れたるを素《もと》め怪《あや》しきを行《おこな》うは、後世《こうせい》述《の》ぶる有《あ》らん。吾《われ》は之《これ》を為《な》さず。君子《くんし》道《みち》に遵《したが》つて行《おこな》い、半途《はんと》にして廢《はい》す。吾《われ》は已《や》む能《あた》わず。君子《くんし》中庸《ちゅうよう》に依《よ》り、世《よ》を遯《のが》れ知《し》られずして悔《く》いず。唯聖者《ただせいじゃ》のみ之《これ》を能《よ》くす。

第十二章

君子《くんし》の道《みち》は費《ひ》にして隠《いん》なり。夫婦《ふうふ》の愚《ぐ》も以《もっ》て與《あず》かり知《し》る可《べ》し。其《そ》の至《いた》れるに及《およ》んでは、聖人《せいじん》と雖《いえど》も亦《また》知《し》らざる所《ところ》有《あ》り。夫婦《ふうふ》の不肖《ふしょう》も以《もっ》て能《よ》く行《おこな》う可《べ》し。其《そ》の至《いた》れるに及《およ》んでは、聖人《せいじん》と雖《いえど》も亦《また》能《よ》くせざる所《ところ》有《あ》り。天地《てんち》の大《だい》なるも、人猶《ひとなお》憾《うら》む所《ところ》有《あ》り。故《ゆえ》に君子《くんし》大《だい》を語《かた》れば天下《てんか》能《よ》く載《の》する莫《な》し。小《しょう》を語《かた》れば、天下《てんか》能《よ》く破《やぶ》る莫《な》し。詩《し》に云《い》わく、鳶《とび》飛《と》んで天《てん》に戻《いた》り、魚《うお》淵《ふち》に躍《おど》ると。其《そ》の上下《しょうか》に察《あら》わるるを言《い》うなり。君子《くんし》の道《みち》は端《たん》を夫婦《ふうふ》に造《な》す。其《そ》の至《いた》れるに及《およ》んで天地《てんち》に察《あら》わる。

第十三章

子曰《しのたま》わく、道《みち》は人《ひと》に遠《とお》からず。人《ひと》の道《みち》を爲《な》して人《ひと》に遠《とお》きは、以《もっ》て道《みち》と爲《な》す可《べ》からず。詩《し》に云《い》わく、柯《か》を伐《き》り柯《か》を伐《き》る、其《そ》の則遠《のりとお》からずと。柯《か》を執《と》つて以《もっ》て柯《か》を伐《き》り、睨《ながしめ》にして之《これ》を視《み》て猶以《なおもっ》て遠《とお》しと爲《な》す。故《ゆえ》に君子《くんし》は人《ひと》を以《もっ》て人《ひと》を治《おさ》め、改《あらた》めて止《や》む。忠恕《ちゅうじょ》道《みち》を違《さ》ること遠《とお》からず、諸《これ》を己《おのれ》に施《ほどこ》して願《ねが》わざれば亦《また》人《ひと》に施《ほどこ》す勿《なか》れ。

君子《くんし》の道《みち》四《よつ》。丘《きゅう》未《いま》だ一《いつ》を能《よ》くせず。子《こ》に求《もと》むる所《ところ》、以《もっ》て父《ちち》に事《つか》うるは、未《いま》だ能《よ》くせざるなり。臣《しん》に求《もと》むる所《ところ》、以《もっ》て君《きみ》に事《つか》うるは、未《いま》だ能《よ》くせざなり。弟《おとうと》に求《もと》むる所《ところ》、以《もっ》て兄《あに》に事《つか》うるは、未《いま》だ能《よ》くせざるなり。朋友《ほうゆう》に求《もと》むる所《ところ》、先《ま》ず之《これ》を施《ほどこ》すは、未《いま》だ能《よ》くせざるなり。庸徳《ようとく》を之《こ》れ行《おこな》い、庸言《ようげん》を之《こ》れ謹《つつし》み、足《た》らざる所《ところ》あれば、敢《あ》えて勉《つと》めずんばあらず。餘《あま》りあれば、敢《あ》えて盡《つく》さず。言《げん》は行《おこない》を顧《かえり》み、行《おこない》は言《げん》を顧《かえり》みる。君子《くんし》胡《なん》ぞ慥慥爾《ぞうぞうじ》たらざらん。

第十四章

君子《くんし》は、其《そ》の位《くらい》に素《そ》して行《おこな》い、其《そ》の外《ほか》を願《ねが》わず。富貴《ふうき》に素《そ》しては富貴《ふうき》に行《おこな》い、貧賤《ひんせん》に素《そ》しては貧賤《ひんせん》に行《おこな》い、夷狄《いてき》に素《そ》しては夷狄《いてき》に行《おこな》い、患難《かんなん》に素《そ》しては患難《かんなん》に行《おこな》う。君子《くんし》入《い》るとして自得《じとく》せざる無《な》きなり。

上位《じょうい》に在《あ》りて下《しも》を陵《しの》がず、下位《かい》に在《あ》りて上《かみ》を援《ひ》かず、己《おのれ》を正《ただ》しくして人《ひと》に求《もと》めざれば則《すなわ》ち怨《うら》み無《な》し。上天《かみてん》を怨《うら》みず、下人《しもひと》を尤《とが》めず。故《ゆえ》に易《やす》きに居《お》りて以《もっ》て命《めい》を俟《ま》ち、小人《しょうじん》は険《けん》を行《おこな》いて以《もっ》て幸《さいわい》を徼《もと》む。

子曰《しのたま》わく、射《しゃ》は君子《くんし》に似《に》たる有《あ》り。諸《これ》を正鵠《せいこく》に失《うしな》いて反《かえ》って諸《これ》を其《そ》の身《み》に求《もと》む。

第十五章

君子《くんし》の道《みち》は、辟《たと》えば遠《とお》きに行《い》くに必《かなら》ず邇《ちか》き自《よ》りするが如《ごと》く、辟《たと》えば高《たか》きに登《のぼ》るに必《かなら》ず卑《ひく》き自《よ》りするが如《ごと》し。詩《し》に曰《い》わく、妻子《さいし》好合《こうごう》し、琴瑟《きんしつ》を鼓《こ》するが如《ごと》し。兄弟既《けいていすで》に翕《あ》い、和樂《わらく》して且《か》つ耽《たの》しむ。爾《なんじ》の室家《しつか》に宜《よろ》しく、爾《なんじ》の妻帑《さいど》を樂《たの》しましむと。子曰《しのたま》わく、父母《ふぼ》は其《そ》れ順《じゅん》なるかと。

第十六章

子曰《しのたま》わく、鬼神《きしん》の徳《とく》たる、其《そ》れ盛《さかん》なるかな。之《これ》を視《み》れども見《み》えず、之《これ》を聴《き》けども聞《き》こえず、物《もの》に體《たい》して遺《のこ》す可《べ》からず。天下《てんか》の人《ひと》をして齊明盛服《さいめいせいふく》して、以《もっ》て祭祀《さいし》を受《う》けしめ、洋洋乎《ようようこ》として其《そ》の上《うえ》に在《あ》るが如《ごと》く、其《そ》の左右《さゆう》に在《あ》るが如《ごと》し。詩《し》に曰《い》わく、神《かみ》の格《いた》る、度《はか》る可《べ》からず、矧《いわ》んや射《いと》う可《べ》けんやと。夫《そ》れ微《び》の顯《けん》にして、誠《まこと》の揜《おお》う可《べ》からざる此《かく》の如《ごと》き夫《かな》。

第十七章

子《し》曰《のたま》わく、舜《しゅん》は其《そ》れ大孝《たいこう》なるか。徳《とく》は聖人《せいじん》たり、尊《そん》は天子《てんし》たり、富《とみ》は四海《しかい》の内《うち》を有《たも》ち、宗廟《そうびょう》之《これ》を饗《う》け、子孫《しそん》之《これ》を保《たも》つ。

故《ゆえ》に大徳《だいとく》は必《かなら》ず其《そ》の位《くらい》を得《え》、必《かなら》ず其《そ》の禄《ろく》を得《え》、必《かなら》ず其《そ》の名《な》を得《え》、必《かなら》ず其《そ》の壽《じゅ》を得《う》。故《ゆえ》に天《てん》の物《もの》を生《しょう》ずる、必《かなら》ず其《そ》の材《ざい》に因《よ》つて篤《あつ》うす。故《ゆえ》に栽《う》えたる者《もの》は之《これ》を培《つちか》い、傾《かたむ》く者《もの》は之《これ》を覆《くつが》えす。詩《し》に曰《い》わく、嘉樂《からく》の君子《くんし》、憲憲《けんけん》たる令徳《れいとく》あり。民《たみ》に宜《よろ》しく人《ひと》に宜《よろ》しく、禄《ろく》を天《てん》に受《う》く。

第十八章

子曰《しのたま》わく、憂《うれい》無《な》き者《もの》は唯《た》だ文王《ぶんのう》か。王季《おうき》を以《もっ》て父《ちち》と爲《な》し、武王《ぶおう》を以《もっ》て子《こ》と爲《な》し、父之《ちちこれ》を作《な》し、子之《ここれ》を述《の》ぶ。

武王《ぶおう》は大王王季文王《だいおうおうきぶんのう》の緒《しょ》を纘《つ》ぎ、壹《ひと》たび戎衣《じゅうい》して天下《てんか》を有《たも》ち、身《み》天下《てんか》の顯名《けんめい》を失《うしな》わず、尊《たっと》きこと天子《てんし》たり、富《とみ》四《し》海《かい》の内《うち》を有《たも》ち、宗廟《そうびょう》之《これ》を饗《う》け、子孫《しそん》之《これ》を保《たも》つ。

武王《ぶおう》末《お》いて命《めい》を受《う》く。周公《しゅうこう》文武《ぶんぶ》の徳《とく》を成《な》し、大王王季《だいおうおうき》を追王《ついおう》し、上《かみ》、先公《せんこう》を祀《まつ》るに天子《てんし》の禮《れい》を以《もつ》てす。斯《こ》の禮《れい》や諸侯大夫《しょこうたいふ》、及《およ》び士庶人《ししょじん》に達《たつ》す。父大夫《ちちたいふ》たり、子士《こし》たれば葬《ほうむ》るに大夫《たいふ》を以《もつ》てし、祀《まつ》るに士《し》を以《もつ》てす。父士《ちちし》たり、子《こ》大夫《たいふ》たれば、葬《ほうむ》るに士《し》を以《もつ》てし、祭《まつ》るに大夫《たいふ》を以《もつ》てす。期《き》の喪《も》は大夫《たいふ》に達《たつ》す。三年《さんねん》の喪《も》は天子《てんし》に達《たつ》す。父母《ふぼ》の喪《も》は貴《き》賤《せん》と無《な》く一《いつ》なり。

第十九章

子曰《しのたま》わく、武王周公《ぶおうしゅうこう》は、其《そ》れ達孝《たつこう》なるか。夫《そ》れ孝《こう》は、善《よ》く人《ひと》の志《こころざし》を繼《つ》ぎ、善《よ》く人《ひと》の事《こと》を述《の》ぶる者《もの》なり。

春秋《しゅんじゅう》に其《そ》の祖廟《そびょう》を脩《おさ》め、其《そ》の宗器《そうき》を陳《つら》ね、其《そ》の裳衣《しょうい》を設《もう》け、其《そ》の時食《じしょく》を薦《すす》む。宗廟《そうびょう》の禮《れい》は昭穆《しょうぼく》を序《じょ》する所以《ゆえん》なり。爵《しゃく》を序《じょ》するは貴賤《きせん》を辨《べん》ずる所以《ゆえん》なり。事《こと》を序《じょ》するは賢《けん》を辨《べん》ずる所以《ゆえん》なり。旅酬《りょしゅう》下《しも》、上《かみ》の爲《ため》にするは、賤《せん》に逮《およ》ぶ所以《ゆえん》なり。燕毛《えんもう》は齒《よわい》を序《じょ》する所以《ゆえん》なり。

其《そ》の位《くらい》を踐《ふ》み、其《そ》の禮《れい》を行《おこな》い、其《そ》の樂《がく》を奏《そう》し、其《そ》の尊《たっと》ぶ所《ところ》を敬《けい》し、其《そ》の親《したし》む所《ところ》を愛《あい》し、死《し》に事《つか》うること生《せい》に事《つか》うるが如《ごと》く、亡《ぼう》に事《つか》うること存《そん》に事《つか》うるが如《ごと》きは孝《こう》の至《いた》りなり。郊社《こうしゃ》の禮《れい》は、上帝《じょうてい》に事《つか》うる所以《ゆえん》なり。宗廟《そうびょう》の禮《れい》は、其《そ》の先《せん》を祀《まつ》る所以《ゆえん》なり。郊社《こうしゃ》の禮《れい》、禘嘗《ていしょう》の義《ぎ》に明《あき》らかなれば、國《くに》を治《おさ》むること其《そ》れ諸《これ》を掌《たなごころ》に示《しめ》すが如《ごと》きか。

第二十章

哀公《あいこう》政《まつりごと》を問《と》う。子曰《しのたま》わく、文武《ぶんぶ》の政《まつりごと》布《し》いて方策《ほうさく》に在《あ》り。其《そ》の人存《ひとそん》すれば則《すなわ》ち其《そ》の政《まつりごと》擧《あ》がり、其《そ》の人亡《ひとぼう》すれば則《すなわ》ち其《そ》の政《まつりごと》息《や》む。人道《じんどう》は政《まつりごと》に敏《すみや》かに、地道《ちどう》は樹《じゅ》に敏《すみや》かなり。夫《そ》れ政《まつりごと》なる者《もの》は蒲盧《ほろ》なり。故《ゆえ》に政《まつりごと》を爲《な》すは人《ひと》に在《あ》り。人《ひと》を取《と》るは身《み》を以《もっ》てし、身《み》を脩《おさ》むるは道《みち》を以《もっ》てし、道《みち》を脩《おさ》むるは仁《じん》を以《もっ》てす。

仁《じん》は人《ひと》なり。親《しん》を親《したし》むを大《だい》なりと爲《な》す。親《しん》を親《したし》むの殺《さい》、賢《けん》を尊《たっと》ぶの等《とう》は禮《れい》の生《しょう》ずる所《ところ》なり。故《ゆえ》に君子《くんし》は以《もっ》て身《み》を脩《おさ》めざる可《べ》からず。身《み》を脩《おさ》めんと思《おも》わば、以《もっ》て親《おや》に事《つか》えざる可《べ》からず。親《おや》に事《つか》えんと思《おも》わば、人《ひと》を知《し》らざる可《べ》からず。人《ひと》を知《し》らんと思《おも》わば、以《もっ》て天《てん》を知《し》らざる可《べ》からず。

天下《てんか》の達道《たつどう》五《ご》。之《これ》を行《おこな》う所以《ゆえん》の者三《ものさん》。曰《い》わく、君臣《くんしん》なり。父子《ふし》なり。夫婦《ふうふ》なり。昆弟《こんてい》なり。朋友《ほうゆう》の交《まじ》わりなり。五《ご》の者《もの》は天下《てんか》の達道《たつどう》なり。知仁勇《ちじんゆう》の三《さん》の者《もの》は天下《てんか》の達徳《たっとく》なり。之《これ》を行《おこな》う所以《ゆえん》の者《もの》は一《いつ》なり。或《ある》いは生《うま》れながらにして之《これ》を知《し》り、或《ある》いは學《まな》んで之《これ》を知《し》り、或《ある》いは困《くるし》んで之《これ》を知《し》る。其《そ》の之《これ》を知《し》るに及《およ》んでは一《いつ》なり。或《ある》いは安《やす》んじて之《これ》を行《おこな》い、或《あるい》は利《り》して之《これ》を行《おこな》い、或《ある》いは勉強《べんきょう》して之《これ》を行《おこな》う。

其《そ》の功《こう》を成《な》すに及《およ》んでは一《いつ》なり。

子《し》曰《のたま》わく、學《がく》を好《この》むは知《ち》に近《ちか》く、力《つと》め行《おこな》うは仁《じん》に近《ちか》く、恥《はじ》を知《し》るは勇《ゆう》に近《ちか》し。斯《こ》の三者《さんしゃ》を知《し》れば、則《すなわ》ち身《み》を脩《おさ》むる所以《ゆえん》を知《し》る。身《み》を脩《おさ》むる所以《ゆえん》を知《し》れば、人《ひと》を治《おさ》むる所以《ゆえん》を知《し》る。人《ひと》を治《おさ》むる所以《ゆえん》を知《し》れば、則《すなわ》ち天下國家《てんかこっか》を治《おさ》むる所以《ゆえん》を知《し》る。

凡《およ》そ天下國家《てんかこっか》を爲《おさ》むるに九經《きゅうけい》有《あ》り。曰《のたま》わく、身《み》を脩《おさ》むるなり。賢《けん》を尊《たっと》ぶなり。親《しん》を親《したし》むなり。大臣《だいじん》を敬《けい》するなり。群臣《ぐんしん》を體《たい》するなり。庶民《しょみん》を子《こ》とするなり。百工《ひゃっこう》を來《きた》すなり。遠人《えんじん》を柔《やわら》ぐるなり。諸侯《しょこう》を懐《なつ》くるなり。身《み》を脩《おさ》むれば則《すなわ》ち道立《みちた》ち、賢《けん》を尊《たつと》べば、則《すなわ》ち惑《まど》わず。親《しん》を親《したし》めば、則《すなわ》ち諸父昆弟《しょほこんていうら》怨みず。大臣《だいじん》を敬《けい》すれば、則《すなわ》ち眩《げん》せず。群《ぐん》臣《しん》を體《たい》すれば、則《すなわ》ち士《し》の報禮《ほうれい》重《おも》し。庶民《しょみん》を子《こ》とすれば、則《すなわ》ち百姓《ひやくせい》勸《すす》む。百工《ひやつこう》を來《きた》せば、則《すなわ》ち財用《ざいよう》足《た》る。遠人《えんじん》を柔《やわ》らぐれば、則《すなわ》ち四方《しほう》之《これ》に歸《き》す。諸侯《しょこう》を懐《なつ》くれば、則《すなわ》ち天下《てんか》之《これ》を畏《おそ》る。

齊明盛服《さいめいせいふく》して禮《れい》に非《あら》ざれば動《うご》かざるは、身《み》を脩《おさ》むる所以《ゆえん》なり。讒《ざん》を去《さ》り色《いろ》を遠《とお》ざけ、貨《か》を賤《いやし》みて德《とく》を貴《たつと》ぶは、賢《けん》を勸《すす》むる所以《ゆえん》なり。

其《そ》の位《くらい》を尊《たつと》くし、其《そ》の祿《ろく》を重《おも》くし、其《そ》の好惡《こうお》を同《おな》じゅうするは、親《しん》を親《したし》むを勸《すす》むる所以《ゆえん》なり。

官盛《かんさか》んにして任使《にんし》せしむ、大臣《だいじん》を勸《すす》むる所以《ゆえん》なり。

忠信祿《ちゅうしんろく》を重《おも》くするは、士《し》を勸《すす》むる所以《ゆえん》なり。

時《とき》に使《つか》い、薄《うす》く斂《れん》するは、百姓《ひゃくせい》を勸《すす》むる所以《ゆえん》なり。

日《ひ》に省《かえり》み、月《つき》に試《こころ》み、既稟事《きりんこと》に稱《かな》うは、百工《ひゃっこう》を勸《すす》むる所以《ゆえん》なり。

往《おう》を送《おく》り、來《らい》を迎《むか》え、善《ぜん》を嘉《よみ》して不能《ふのう》を矜《あわれ》むは、遠人《えんじん》を柔《やわら》ぐる所以《ゆえん》なり。

絶世《ぜっせい》を繼《つ》ぎ、廢國《はいこく》を擧《あ》げ、亂《らん》を治《おさ》め危《あやう》きを持《じ》し、朝聘《ちょうへい》時《とき》を以《もっ》てし、往《おう》を厚《あつ》くして來《らい》を薄《うす》くするは、諸侯《しょこう》を懐《なつ》くる所以《ゆえん》なり。

凡《およ》そ天下《てんか》國家《こっか》を爲《おさ》むるに九經《きゅうけい》有《あ》り。之《これ》を行《おこな》う所以《ゆえん》の者《もの》は一《いつ》なり。凡《およ》そ事《こと》豫《あらかじ》めすれば則《すなわ》ち立《た》ち、豫《あらかじ》めせざれば則《すなわ》ち廢《はい》す。言前《ことまえ》に定《さだ》まれば則《すなわ》ち跲《つまず》かず、事前《ことまえ》に定《さだ》まれば則《すなわ》ち困《くるし》まず、行前《おこないまえ》に定《さだ》まれば則《すなわ》ち疚《やまし》からず、道前《みちまえ》に定《さだ》まれば則《すなわ》ち窮《きゅう》せず。

下位《かい》に在《あ》つて上《かみ》に獲《え》られざれば、民《たみ》得《え》て治《おさ》む可《べ》からず。上《かみ》に獲《え》らるるに道《みち》有《あ》り。朋友《ほうゆう》に信《しん》ぜられざれば、上《かみ》に獲《え》られず。朋友《ほうゆう》に信《しん》ぜらるるに道《みち》有《あ》り。親《おや》に順《じゅん》ならざれば、朋《ほう》友《ゆう》に信《しん》ぜられず。親《おや》に順《じゅん》なるに道《みち》有《あ》り。諸《これ》を身《み》に反《はん》して誠《まこと》ならざれば、親《おや》に順《じゅん》ならず。身《み》を誠《まこと》にするに道《みち》有《あ》り。善《ぜん》に明《あき》らかならざれば、身《み》に誠《まこと》ならず。誠《まこと》は天《てん》の道《みち》なり。之《これ》を誠《まこと》にするは、人《ひと》の道《みち》なり。誠《まこと》は勉《つと》めずして中《あた》り、思《おも》わずして得《え》、従容《しょうよう》として道《みち》に中《あた》るは聖《せい》人《じん》なり。之《これ》を誠《まこと》にするは、善《ぜん》を擇《えら》びて固《かた》く之《これ》を執《と》る者《もの》なり。

博《ひろ》く之《これ》を學《まな》び、審《つまびら》かに之《これ》を問《と》い、愼《つつし》んで之《これ》を思《おも》い、明《あき》らかに之《これ》を辨《べん》じ、篤《あつ》く之《これ》を行《おこな》う。學《まな》ばざる有《あ》り、之《これ》を學《まな》んで能《よ》くせざれば措《お》かざるなり。問《と》わざる有《あ》り、之《これ》を問《と》うて知《し》らざれば措《お》かざるなり。思《おも》わざる有《あ》り、之《これ》を思《おも》うて得《え》ざれば措《お》かざるなり。辨《べん》ぜざる有《あ》り、之《これ》を辨《べん》じて明《あき》らかならざれば措《お》かざるなり。行《おこな》わざる有《あ》り、之《これ》を行《おこの》うて篤《あつ》からざれば措《お》かざるなり。人一《ひとひと》たびして之《これ》を能《よ》くすれば、己之《おのれこれ》を百《ひゃく》たびし、人十《ひとと》たびして之《これ》を能《よ》くすれば、己之《おのれこれ》を千《せん》たびす。果《はた》して此《こ》の道《みち》を能《よ》くすれば、愚《ぐ》なりと雖《いえど》も必《かなら》ず明《あき》らかに、柔《じゅう》なりと雖《いえど》も必《かなら》ず強《つよ》し。

第二十一章

誠《まこと》なるよりして明《あき》らかなる之《これ》を性《せい》と謂《い》う。明《あき》らかなるよりして誠《まこと》なる之《これ》を教《おしえ》と謂《い》う。誠《まこと》なれば則《すなわ》ち明《あき》らかなり。明《あき》らかなれば則《すなわ》ち誠《まこと》なり。

第二十二章

唯天下《ただてんか》の至誠《しせい》のみ、能《よ》く其《そ》の性《せい》を盡《つ》くすことを爲《な》す。能《よ》く其《そ》の性《せい》を盡《つ》くせば則《すなわ》ち能《よ》く人《ひと》の性《せい》を盡《つ》くす。能《よ》く人《ひと》の性《せい》を盡《つ》くせば、則《すなわ》ち能《よ》く物《もの》の性《せい》を盡《つ》くす。能《よ》く物《もの》の性《せい》を盡《つ》くせば、則《すなわ》ち以《もつ》て天地《てんち》の化育《かいく》を贊《さん》す可《べ》し。以《もつ》て天地《てんち》の化育《かいく》を贊《さん》す可《べ》ければ、則《すなわ》ち以《もつ》て天地《てんち》と參《さん》す可《べ》し。

第二十三章

其《そ》の次《つぎ》は曲《きよく》を致《いた》す。曲《きよく》なれば能《よ》く誠《まこと》有《あ》り。誠《まこと》あれば則《すなわ》ち形《あら》われ、形《あら》わるれば則《すなわ》ち著《いちじる》しく、著《いちじる》しければ則《すなわ》ち明《あき》らかに、明《あき》らかなれば則《すなわ》ち動《うご》かし、動《うご》かせば則《すなわ》ち變《へん》じ、變《へん》ずれば則《すなわ》ち化《か》す。唯天下《ただてんか》の至誠《しせい》のみ、能《よ》く化《か》することを為《な》す。

第二十四章

至誠《しせい》の道《みち》は以《もつ》て前知《ぜんち》す可《べ》し。國家《こつか》将《まさ》に興《おこ》らんとすれば、必《かなら》ず禎祥《ていしよう》有《あ》り。國家《こつか》将《まさ》に亡《ほろ》びんとすれば、必《かなら》ず妖孽《ようげつ》有《あ》り。蓍亀《しき》に見《あら》われ、四體《したい》に動《うご》く、禍福《かふく》将《まさ》に至《いた》らんとすれば、善《ぜん》も必《かなら》ず先《ま》ず之《これ》を知《し》り、不善《ふぜん》も必《かなら》ず先《ま》ず之《これ》を知《し》る。故《ゆえ》に至誠《しせい》は神《かみ》の如《ごと》し。

第二十五章

誠《まこと》は自《みずか》ら成《な》るなり。而《しこう》して道《みち》は自《みずか》ら道《みち》びくなり。誠《まこと》は物《もの》の終始《しゅうし》、誠《まこと》ならざれば物無《ものな》し。是《こ》の故《ゆえ》に君子《くんし》は之《これ》を誠《まこと》にするを貴《たっと》しと為《な》す。誠《まこと》は自《みずか》ら己《おのれ》を成《な》すのみに非《あら》ずして、物《もの》を成《な》す所以《ゆえん》なり。己《おのれ》を成《な》すは仁《じん》なり。物《もの》を成《な》すは知《ち》なり。性《せい》は徳《とく》なり。内外《ないがい》を合《がっ》するの道《みち》なり。故《ゆえ》に時《とき》に之《これ》を措《お》いて宜《よろ》しきなり。

第二十六章

故《ゆえ》に至誠《しせい》は息《や》む無《な》し。息《や》まざれば則《すなわ》ち久《ひさ》しく、久《ひさ》しければ則《すなわ》ち徴《しるし》あり。徴《しるし》あれば則《すなわ》ち悠遠《ゆうえん》なり。悠遠《ゆうえん》なれば則《すなわ》ち博《はっ》厚《こう》なり。博厚《はっこう》なれば則《すなわ》ち高明《こうめい》なり。博厚《はっこう》は物《もの》を載《の》する所以《ゆえん》なり。高明《こうめい》は物《もの》を覆《おう》う所以《ゆえん》なり。悠久《ゆうきゅう》は物《もの》を成《な》す所以《ゆえん》なり。

り。博厚《はつこう》は地《ち》に配《はい》し、高明《こうめい》は天《てん》に配《はい》し悠久《ゆうきゅう》は疆《きわ》まり無《な》し。此《かく》の如《ごと》き者《もの》は、見《しめ》さずして章《あら》われ、動《うご》かずして變《へん》じ、爲《な》すこと無《な》くして成《な》る。

天地《てんち》の道《みち》は、一言《いちげん》にして盡《つ》くす可《べ》きなり。其《そ》の物《もの》たる貳《じ》ならざれば、其《そ》の物《もの》を生《しょう》ずる測《はか》られず。天地《てんち》の道《みち》は博《はく》なり、厚《こう》なり、高《こう》なり、明《めい》なり、悠《ゆう》なり、久《きゅう》なり。

今夫《いまそ》れ天《てん》は、斯《こ》れ昭昭《しょうしょう》の多《おお》きなり。其《そ》の窮《きわ》まり無《な》きに及《およ》んでは、日月星辰《じつげつせいしん》繫《かか》り、萬物《ばんぶつ》覆《おお》わる。今其《いまそ》れ地《ち》は、一撮《いちさつ》土《ど》の多《おお》きなり。其《そ》の廣厚《こうこう》なるに及《およ》んでは、華嶽《かがく》を載《の》せて重《おも》しとせず、河海《かかい》を振《おさ》めて洩《も》さず、萬物《ばんぶつ》載《の》せらる。今其《いまそ》れ山《やま》は、一巻石《いちかんせき》の多《おお》きなり。其《そ》の廣大《こうだい》なるに及《およ》んでは、草木之《そうもくこれ》に生《しょう》じ、禽獣之《きんじゅうこれ》に居《お》り、寶藏興《ほうぞうおこ》る。今其《いまそ》れ水《みず》は、一勺《いっしゃく》の多《おお》きなり。其《そ》の測《はか》られざるに及《およ》んでは、黿鼉鮫龍魚鼈《げんだこうりゅうぎょべつ》生《しょう》じ、貨財殖《かざいしょく》す。

詩《し》に云《い》わく、維《こ》れ天《てん》の命《めい》、於穆《ああぼく》として已《や》まずと。蓋《けだ》し天《てん》の天《てん》たる所以《ゆえん》を曰《い》うなり。於乎《ああ》顯《けん》ならざらんや、文王《ぶんのう》の德《とく》の純《じゅん》なると。蓋《けだ》し文王《ぶんのう》の文《ぶん》たる所以《ゆえん》を曰《い》うなり。純《じゅん》も亦已《またや》まざるなり。

第二十七章

大《だい》なるかな聖人《せいじん》の道《みち》。洋洋乎《ようようこ》として萬物《ばんぶつ》を發育《はついく》し、峻《しゅん》として天《てん》を極《きわ》む。優優《ゆうゆう》として大《だい》なるか。禮儀《れいぎ》三百《さんびゃく》、威儀《いぎ》三千《さんぜん》、其《そ》の人《ひと》を待《ま》つて行《おこな》わる。故《ゆえ》に曰《い》わく、苟《いやし》くも至徳《しとく》ならざれば、至道《しどう》凝《な》らずと。故《ゆえ》に君子《くんし》は、徳性《とくせい》を尊《たっと》んで問學《もんがく》に道《よ》り、廣大《こうだい》を致《いた》して精《せい》微《び》を盡《つ》くし、高明《こうめい》を極《きわ》めて中庸《ちゅうよう》に道《よ》り、故《ふる》きを溫《たず》ねて新《あたら》しきを知《し》り、厚《あつ》きを敦《あつ》うして以《もつ》て禮《れい》を崇《たつと》ぶ。是《こ》の故《ゆえ》に上《かみ》に居《い》て驕《おご》らず、下《しも》と爲《な》りて倍《そむ》かず。國道《くにみち》有《あ》れば、其《そ》の言《げん》以《もつ》て興《おこ》るに足《た》り、國道《くにみち》無《な》ければ、其《そ》の默《もく》以《もつ》て容《い》れらるるに足《た》る。詩《し》に曰《い》わく、既《すで》に明《めい》且《か》つ哲《てつ》、以《もつ》て其《そ》の身《み》を保《たも》つと。其《そ》れ此《これ》を之《こ》れ謂《い》う與《か》。

第二十八章

子曰《しのたま》わく、愚《ぐ》にして自《みずか》ら用《もち》うることを好《この》み、賤《せん》にして自《みずか》ら専《もつぱ》らにすることを好《この》み、今《いま》の世《よ》に生《う》まれて、古《いにしえ》の道《みち》に反《かえ》る。此《かく》の如《ごと》き者《もの》は、裁《わざわ》い其《そ》の身《み》に及《およ》ぶ者《もの》なり。

天子《てんし》に非《あら》ざれば禮《れい》を議《ぎ》せず、度《ど》を制《せい》せず、文《ぶん》を考《かんが》えず。今天下《いまてんか》、車《くるま》、軌《き》を同《おな》じゅうし、書《しょ》、文《ぶん》を同《おな》じゅうし、行《おこない》、倫《りん》を同《おな》じゅうす。其《そ》の位《くらい》有《あ》りと雖《いえど》も、苟《いやし》くも其《そ》の徳《とく》無《な》ければ、敢《あ》えて禮樂《れいがく》を作《つく》らず。其《そ》の徳《とく》有《あ》りと雖《いえど》も、苟《いやし》くも其《そ》の位《くらい》無《な》ければ、亦敢《またあ》えて禮樂《れいがく》を作《つく》らず。

子曰《しのたま》わく、吾夏《われか》の禮《れい》を説《と》くも、杞《き》、徴《ちょう》するに足《た》らざるなり。吾殷《われいん》の禮《れい》を學《まな》ぶ宋《そう》の存《そん》する有《あ》り。吾周《われしゅう》の禮《れい》を學《まな》ぶ、今之《いまこれ》を用《もち》う。吾《われ》は周《しゅう》に從《したが》わん。

第二十九章

天下《てんか》に王《おう》たるに三重《さんじゅう》有《あ》り。其《そ》れ過《あやま》ち寡《すく》なからん乎《か》。上《かみ》なる者《もの》は善《ぜん》なりと雖《いえど》も徴《しるし》無《な》し、徴《しるし》無《な》ければ信《しん》ぜず。信《しん》ぜざれば民從《たみしたが》わず。下《しも》なる者《もの》は善《ぜん》なりと雖《いえど》も尊《たっと》からず、尊《たっと》からざれば信《しん》ぜず。信《しん》ぜざれば民從《たみしたが》わず。故《ゆえ》に君子《くんし》の道《みち》は諸《これ》を身《み》に本《もと》づけ、諸《これ》を庶民《しょみん》に徴《ちょう》し、諸《これ》を三王《さんのう》に考《かんが》えて繆《あやま》らず、諸《これ》を天地《てんち》に建《た》てて悖《もと》らず、諸《これ》を鬼神《きしん》に質《ただ》して疑《うたが》い無《な》く百世《ひゃくせい》以《もっ》て聖人《せいじん》を俟《ま》って惑《まど》わず。諸《これ》を鬼《き》神《しん》に質《ただ》して疑《うたが》い無《な》きは天《てん》を知《し》るなり。百世《ひゃくせい》以《もっ》て聖人《せいじん》を俟《ま》つて惑《まど》わざるは人《ひと》を知《し》るなり。

是《こ》の故《ゆえ》に君子《くんし》は動《うご》いて世天下《よよてんか》の道《みち》と爲《な》り、行《おこな》つて世天下《よよてんか》の法《ほう》と爲《な》り、言《い》つて世天下《よよてんか》の則《そく》と爲《な》る。之《これ》に遠《とお》ければ則《すなわ》ち望《のぞ》む有《あ》り。之《これ》に近《ちか》ければ則《すなわ》ち厭《いと》わず。詩《し》に曰《い》わく、彼《かれ》に在《あ》つて悪《にく》む無《な》く、此《これ》に在《あ》つて射《いと》う無《な》し。庶幾《こいねが》わくは夙夜《しゅくや》、以《もっ》て永《なが》く譽《ほまれ》を終《おえ》んと。君子《くんし》は未《いま》だ此《こ》の如《ごと》くならずして蚤《はや》く天下《てんか》に譽《ほまれ》有《あ》る者《もの》有《あ》らざるなり。

第三十章

仲尼《ちゅうじ》、堯舜《ぎょうしゅん》を祖述《そじゅつ》し、文武《ぶんぶ》を憲章《けんしょう》す。上天《かみてん》の時《とき》に律《のっと》り、下水土《しもすいど》に襲《よ》る。辟《たと》えば天地《てんち》に持載《じさい》せざる無《な》く、覆幬《ふとう》せざる無《な》きが如《ごと》し。辟《たと》えば四時《しじ》の錯行《さくこう》するが如《ごと》く、日月《じつげつ》の代明《だいめい》するが如《ごと》し、萬物《ばんぶつ》並《なら》び行《おこな》われて相害《あいがい》せず。道《みち》並《なら》び行《おこな》われて相悖《あいもと》らず。小徳《しょうとく》は川流《せんりゅう》し、大徳《だいとく》は敦化《とんか》す。此《こ》れ天地《てんち》の大《だい》なる所以《ゆえん》なり。

第三十一章

唯天下《ただてんか》の至聖《しせい》のみ、能《よ》く聰明睿知《そうめいえいち》にして、以《もっ》て臨《のぞ》む有《あ》るに足《た》り、寛裕温柔《かんゆうおんじゅう》にして、以《もっ》て容《い》るる有《あ》るに足《た》り、發強《はっきょう》剛毅《ごうき》にして、以《もっ》て執《と》る有《あ》るに足《た》り、文理密察《ぶんりみっさつ》にして、以《もっ》て別《わか》つ有《あ》るに足《た》り、齊莊中正《せいそうちゅうせい》にして、以《もっ》て敬《けい》する有《あ》るに足《た》ると為《な》す。

溥博淵泉《ふはくえんせん》にして、時《とき》に之《これ》を出《いだ》す。溥博《ふはく》は天《てん》の如《ごと》く、淵泉《えんせん》は淵《ふち》の如《ごと》し。見《あら》われて民敬《たみけい》せざるは莫《な》く、言《い》つて民信《たみしん》ぜざるは莫《な》く、行《おこな》つて民説《たみよろこ》ばざるは莫《な》し。

是《これ》を以《もつ》て聲名中國《せいめいちゆうごく》に洋溢《よういつ》し、施《ひ》いて蠻貊《ばんぱく》に及《およ》び、舟車《しゆうしや》の至《いた》る所《ところ》、人力《じんりよく》の通《つう》ずる所《ところ》、天《てん》の覆《おお》う所《ところ》、地《ち》の載《の》する所《ところ》、日月《じつげつ》の照《て》らす所《ところ》、霜露《そうろ》の隊《お》つる所《ところ》、凡《およ》そ血氣有《けつきあ》る者《もの》、尊親《そんしん》せざる無《な》し。故《ゆえ》に曰《い》わく、天《てん》に配《はい》すと。

第三十二章

唯天下《ただてんか》の至誠《しせい》のみ、能《よ》く天下《てんか》の大經《たいけい》を經綸《けいりん》し、天下《てんか》の大《たい》本《ほん》を立《た》て、天地《てんち》の化育《かいく》を知《し》ると為《な》す。夫《そ》れ焉《いずく》んぞ倚《よ》る所《ところ》有《あ》らん。肫肫《じゅんじゅん》たる其《そ》の仁《じん》、淵淵《えんえん》たる其《そ》の淵《ふち》、浩浩《こうこう》たる其《そ》の天《てん》。苟《いやし》くも固《まこと》に聰明聖知《そうめいせいち》にして天徳《てんとく》に達《たつ》する者《もの》にあらずんば、其《そ》れ孰《たれ》か能《よ》く之《これ》を知《し》らん。

第三十三章

詩《し》に曰《い》わく、錦《にしき》を衣《き》て絅《けい》を尚《くわ》うと。其《そ》の文《ぶん》の著《あら》わるるを悪《にく》むなり。故《ゆえ》に君子《くんし》の道《みち》は、闇然《あんぜん》として日《ひ》に章《あき》らかに、小人《しょうじん》の道《みち》は、的然《てきぜん》として日《ひ》に亡《ほろ》ぶ。君子《くんし》の道《みち》は淡《たん》にして厭《いと》わず、簡《かん》にして文溫《ぶんおん》にして理《り》なり。遠《とお》きの近《ちか》きを知《し》り、風《かぜ》の自《よ》るを知《し》り、微《び》の顯《けん》なるを知《し》らば與《とも》に徳《とく》に入《い》る可《べ》し。

詩《し》に云《い》わく、潜《ひそ》りて伏《ふ》すと雖《いえど》も、亦《また》孔《はなは》だ之《こ》れ昭《あき》らかなりと。故《ゆえ》に君子《くんし》は内《うち》に省《かえり》みて疚《やま》しからず、志《こころざし》に悪《にく》む無《な》し。君子《くんし》の及《およ》ぶ可《べ》からざる所《ところ》の者《もの》は、其《そ》れ唯人《ただひと》の見《み》ざる所《ところ》か。

詩《し》に云《い》わく、爾《なんじ》の室《しつ》に在《あ》るを相《み》るに屋漏《おくろう》に愧《は》じざらんと。故《ゆえ》に君子《くんし》は動《うご》かずして敬《けい》し、言《い》わずして信《しん》なり。

詩《し》に曰《い》わく、假《か》を奏《そう》して言《い》う無《な》し、時《とき》に争《あらそ》うこと靡《な》し。是《こ》の故《ゆえ》に君子《くんし》は賞《しょう》せずして民勸《たみすす》み、怒《いか》らずして民鈇鉞《たみふえつ》より威《おそ》る。

詩《し》に曰《い》わく、顯《あら》われざらんや惟《こ》れ徳百辟《とくひゃくへき》其《そ》れ之《これ》に刑《のっと》ると。是《こ》の故《ゆえ》に君子《くんし》は篤恭《とくきょう》にして天下《てんか》平《たい》らかなり。

詩《し》に云《い》わく、予明徳《われめいとく》を懐《おも》う、聲《こえ》と色《いろ》を以《もっ》て大《だい》とせずと。

子曰《しのたま》わく、聲《こえ》と色《いろ》を以《もっ》て民《たみ》を化《か》するに於《お》けるは末《すえ》なりと。

詩《し》に云《い》わく、徳《とく》の輶《かろ》きこと毛《け》の如《ごと》しと。毛《け》は猶倫《なおりん》有《あ》り。

上天《じょうてん》の載《こと》は聲《こえ》も無《な》く臭《におい》も無《な》し。至《いた》れり。

あとがき

ある作家の若い頃の話です。

たまたま仏教書を手にしたのだが、いくら読んでもどうもよく分からない箇所に出会った。知り合いの宗教学を専門にする学者に質問してみた。学者は熱心に説明してくれたが、かえって難しさが増し、余計に分からなくなってしまった。後日、一人の老僧に出会い、同じ質問をしてみた。

「ははっ、それはなあ……」

老僧はほほえんで話し始めた。これが実に平明で分かりやすく、立ちどころに疑問が氷解した——という話です。

弊社では平成十八年から毎年、伊與田覺先生の古典講座を開催しています。その席で伊與田先生の滋味あふれるお話を聴いていると、この話を思い出します。滑《なめ》らかにしみ込んでくる伊與田先生のお話の平明さは、古典を単なる学問としてではなく、生きる糧として身体に溶け込ませるように学んできた人ならではのもので、これこそ〝学ぶ〟ということなのだな、と思うのです。

古典講座開催の折節、伊與田先生にお願いし、その合間を縫って弊社の社員に『中庸』の講義をしていただきました。それは年を重ねて四回を数えました。果たして若い社員たちにはどうかな、といういささかの懸念がなくはありませんでした。ところが、どうでしょう。むしろ若い社員たちのほうが、引き込まれるように聴き入っているのです。四回を通して、欠席者は一人もありませんでした。真に活学した人の教えは、古典とはほとんど無縁の現代の若い世代をも引きつける魅力を有しているということです。

この講録を形にして残したいという思いで、伊與田先生のお許しを得て、本書の刊行となりました。また一冊、手応えのある書をお届けできる充実感を覚えています。

難解とされる『中庸』が、現代人に親しみのある人生を読み解く書として、一人でも多くの方の座右に置かれることを願って止みません。

平成二十三年二月二十六日

株式会社致知出版社
代表取締役社長　藤尾　秀昭

著者略歴

伊與田覺（いよた・さとる）

大正5年高知県に生まれる。学生時代から安岡正篤氏に師事。昭和15年青少年の学塾・有源舎発足。21年太平思想研究所を設立。28年大学生の精神道場有源学院を創立。32年関西師友協会設立に参与し理事・事務局長に就任。その教学道場として44年には財団法人成人教学研修所の設立に携わり、常務理事、所長に就任。62年論語普及会を設立し、学監として論語精神の昂揚に尽力する。著書に『「大学」を素読する』『己を修め人を治める道 「大学」を味読する』『「孝経」 人生をひらく心得』『人物を創る人間学』『安岡正篤先生からの手紙』『中庸に学ぶ』『いかにして人物となるか』『人生を導く先哲の言葉』『人はいかにして大成するか』『男の風格をつくる論語』ほか、『「論語」一日一言』の監修（いずれも致知出版社）などがある。

運命を拓く立命の書
「中庸」に学ぶ

平成二十三年三月三十一日第一刷発行
令和元年五月二十五日第三刷発行

著者 伊與田 覺
発行者 藤尾 秀昭
発行所 致知出版社
〒150-0001東京都渋谷区神宮前四の二十四の九
TEL（〇三）三七九六—二一一一
印刷 ㈱ディグ 製本 難波製本
落丁・乱丁はお取替え致します。 （検印廃止）

ISBN978-4-88474-919-4 C0095
ホームページ https://www.chichi.co.jp
E メール books@chichi.co.jp